sete roteiros de aventuras
viajando pelo mundo numa bike

José Antonio Ramalho

sete roteiros de aventuras
viajando pelo mundo numa bike

São Paulo

2009

Editora Gaia

© José Antonio Alves Ramalho, 2008

1ª Edição, Editora Gaia, São Paulo 2009

Diretor Editorial
Jefferson L. Alves

Diretor de Marketing
Richard A. Alves

Gerente de Produção
Flávio Samuel

Coordenadora Editorial
Ana Paula Ribeiro

Assistentes Editoriais
João Reynaldo de Paiva
Lucas Puntel Carrasco

Preparação de Texto
Luicy Caetano

Revisão
Gabriela Trevisan
Tatiana Y. Tanaka

Fotos
José Antonio Ramalho

Projeto Gráfico, Edição de Arte e Ilustração (mapas)
Rodrigo Mota

Dados Internacionais de Catalogação na Publicação (CIP)
(Câmara Brasileira do Livro, SP, Brasil)

Ramalho, José Antonio
    Sete roteiros de aventuras : viajando pelo mundo numa bike / José Antonio Ramalho. – São Paulo : Gaia, 2009

    ISBN 978-85-7555-191-2

    1. Aventuras e aventureiros 2. Turismo de bicicleta 3. Viagens – Narrativas pessoais I. Título

08-11742   CDD-796.64

Índices para catálogo sistemático:
1. Viagens de bicicleta : Narrativas pessoais 796.64

G Direitos Reservados
EDITORA GAIA LTDA.
(pertence ao grupo Global Editora e Distribuidora Ltda.)

Rua Pirapitingui, 111-A – Liberdade
CEP 01508-020 – São Paulo – SP
Tel.: (11) 3277-7999 / Fax: (11) 3277-8141
e-mail: gaia@editoragaia.com.br
www.editoragaia.com.br

Colabore com a produção científica e cultural.
Proibida a reprodução total ou parcial desta obra sem a autorização do editor.
Nº de catálogo: 3090

Para Daniela e Ana

Sumário

Introdução 10

Himalaia 15

Marrocos 31

Atacama 41

Patagônia 51

Buenos Aires 61

Alemanha 71

África do Sul 81

Introdução

O mundo passa num ritmo só seu quando você o vê de uma bicicleta. Desde que incorporei a bicicleta a meu estilo de vida, pude experimentar sensações e emoções que nunca teria conseguido de outra forma.

A bicicleta foi minha primeira paixão quando criança, meu primeiro objeto de desejo e de consumo. Quando ela chegou, dormia comigo no quarto. O cheiro da borracha do pneu ainda está presente em minha memória. Aquela Berlineta me acompanhou por alguns anos e depois deu lugar a uma outra muito especial, chamada Tigrão, que tinha a roda dianteira menor que a traseira, parecia uma moto. As duas me acompanharam até os 15 anos de idade, quando comprei, com a ajuda de um tio, a minha primeira bicicleta de gente grande, uma Caloi 10, cor verde-abacate e que ainda está comigo, conservadíssima após 30 anos.

Era com minha Caloi 10 que aos sábados à tarde saía pelas ruas de São Paulo com uma turma de amigos, que muitas vezes chegavam a 20 pessoas. Quando entrei na faculdade e comecei a trabalhar, as pedaladas passaram a ser escassas. Os amigos se distanciaram, cada um trilhando seus caminhos profissionais e pessoais. A Caloi 10 foi para o quartinho de despejo da casa da minha mãe e por lá ficou durante quase três décadas.

No começo dos anos 1990 fiz uma nova tentativa de voltar a pedalar e comprei outra bicicleta para uso urbano, mas a falta de companhia foi novamente a vilã para deixar a bicicleta ao lado da outra naquele quartinho.

Minha vida de escritor e consultor me deixava atrás de um microcomputador todos os dias por muitas e muitas horas seguidas durante duas décadas. Os pensamentos de liberdade, de viajar pelo mundo e de aproveitar a vida nunca deixaram de povoar minha mente, mas o cruel dia-a-dia era onipresente.

As mudanças, grandes ou pequenas, precisam de um gatilho que dispare as ações necessárias para que elas aconteçam. Infelizmente, para muitos essas mudanças acontecem apenas depois de uma desgraça, um prejuízo financeiro, uma desilusão amorosa, uma perda de pessoa querida ou uma doença grave.

Somente depois da desgraça é que começamos a rever nossos valores, nosso estilo de vida e a ponderar sobre o que é importante em nossa vida.

Mas as mudanças também podem acontecer durante um período de graça, e não somente de desgraça. Por que não reavaliar nossa vida num momento em que nada de grave aconteceu? Para isso, basta começar a se questionar sobre as pequenas coisas do cotidiano e ir elevando esse questionamento para níveis mais importantes. Se algo que não está bem é detectado, por que não agir?

Foi o que aconteceu comigo. O gatilho disparou por um motivo muito simples: três dígitos na balança! Embora não tenha sido uma desgraça, aquilo me incomodou demais. A causa era simples: sedentarismo, assumido e, por mim, considerado normal.

Tudo era motivo para não fazer qualquer tipo de atividade física.

Resolvi que iria mudar o que via na frente do espelho e que aqueles três dígitos, 103 para ser exato, nunca mais seriam vistos na balança.

Comecei a frequentar a academia de ginástica, relutante, mas ciente de que era preciso. Uma das atividades que tinha de fazer era meia hora de bicicleta ergométrica. Para minha sorte, a bicicleta ficava num lugar abafado da academia, o que me desestimulava toda vez que ia para lá.

Conversei com o professor e disse que não iria mais fazer aquilo, mas me comprometeria a tirar a poeira da minha velha bicicleta e a pedalar todo dia por, pelo menos, meia hora. O compromisso foi honrado.

Com a bicicleta revisada, comecei a pedalar timidamente, alguns poucos quarteirões no primeiro dia e, assim, sucessivamente, aumentando a distância. Não foi necessário mais que alguns dias para que a minha paixão de adolescência aflorasse novamente.

Como era bom pedalar! Todo dia no fim da tarde, estava eu em cima da minha bicicleta pelas ruas de São José do Rio Preto, onde morava em setembro de 2004, quando meu gatilho disparou.

Um amigo que já pedalava percebeu que eu estava empolgado e me fez um desafio. Fazer o Caminho de Santiago de Compostela de bicicleta, um percurso de 800 km.

Minha primeira reação foi dizer que ele estava maluco. Eu mal andava 20 km por vez. A resposta dele foi simples: "Não se preocupe", disse ele. "Vá aumentando suas pedaladas gradativamente." Nos fins de semana pedalaríamos mais quilômetros.

O desafio foi aceito e seis meses depois, em maio de 2005, estávamos em Saint Jean Pied Du Port na França para iniciar a pedalada de 1.078 km até Finisterre.

Aquela viagem foi marcante para mim, pois me mostrou que, com determinação, qualquer coisa pode ser feita. Mais que tudo, a viagem foi um impacto maior na minha vida.

A bicicleta estava definitivamente incorporada ao meu estilo de vida. Resolvi que, a partir dali, a preocupação com minha qualidade de vida teria de nortear minhas decisões. Criei um projeto chamado Travessias em que me propus a atravessar três cordilheiras de montanhas: os Andes, na América Latina; o Atlas, no Marrocos, e o Himalaia, na Ásia. As três viagens aconteceram no período de 2006 a 2007.

Na viagem pelo Himalaia, um percurso de 1.100 km entre Lhasa, no Tibete, e Katmandu, no Nepal, tornei-me o primeiro brasileiro a pedalar até o acampamento-base do Everest, a 5.200 m de altitude.

Nesse mesmo período fiz viagens menores, mas não menos encantadoras, como uma pedalada pela Rota Romântica na Alemanha, pelo deserto do Atacama no Chile e até mesmo um passeio urbano por Buenos Aires. Fiz ainda uma pedalada emocionante em uma reserva de animais na África do Sul e, no ano de 2008, realizei a mais longa de todas, uma pedalada de 3.100 km entre Paris e Istambul.

Essas viagens foram experiências únicas na minha vida e me deram a oportunidade de conhecer um pouco mais a alma humana, as diferenças e as semelhanças entre os povos e as diversas regiões do nosso planeta. São essas experiências que o leitor encontrará nos relatos deste livro.

Neste guia o leitor acompanhará o relato de sete viagens. As aventuras da travessia da Patagônia, do Atlas, do Himalaia, da África do Sul, de Buenos Aires, do Atacama e da Rota Romântica na Alemanha.

O Caminho de Santiago de Compostela e o Expresso do Oriente e a pedalada entre Paris e Istambul serão contados em outros dois livros.

Espero que o texto seja um estímulo para o leitor. Eu garanto, comece a pedalar e sua vida vai mudar. Se você não tem uma bicicleta ou não sabe se aquela antiga que está na garagem ainda serve, leia meu primeiro livro sobre bike, o *Guia da Mountain Bike*, também publicado pela Editora Gaia.

Boas pedaladas!

José Antonio Ramalho
jose.antonio@ramalho.com.br

Palácio Potala, em Lhasa

Himalaia

A noite anterior tinha sido muito difícil. O frio no interior da barraca era insuportável e foi impossível dormir. O café-da-manhã teve de ser reforçado para compensar a noite mal dormida. Depois de ouvir a orientação do guia tibetano iniciamos a pedalada: 30 km em asfalto plano e depois uma estrada de terra por mais 25 km para atingirmos o topo da passagem Karo a 5.050 m de altitude. De lá seriam mais 8 km até o acampamento seguinte.

Embora cansado pela noite mal dormida, o primeiro trecho foi tranquilo. O sol brilhava e a temperatura, na casa dos 10 graus, era ótima. Mal sabia eu o que me esperava poucos quilômetros adiante. A estrada de terra estava em péssimas condições. Costelas-de-vaca, aquelas ondulações transversais, minavam a resistência de todos, sobretudo a minha. As duas suspensões da bicicleta apresentaram problemas e o pedal estava a uma distância de 2 cm do solo. Aquilo foi um martírio, pois tive de pedalar em ziguezague para evitar que batesse com o pedal nas ondulações da estrada. Eu já havia levado um tombo no dia anterior por esse motivo.

Acabei ficando para trás, sem forças para acompanhar o grupo. Após 10 km de subida, o tempo mudou completamente. Em menos de 10 minutos o azul do céu foi tomado pelo cinza e o horizonte desapareceu. O que pensei ser um nevoeiro era, na verdade, neve

Pedalando a 5.000 m de altitude na passagem Pang La

No alto: o acampamento do grupo junto ao monastério de Rongbuk, a 8 km do acampamento-base do Everest

Acima: rebanhos cruzavam a estrada, quebrando a monotonia

caindo, o que fez a temperatura baixar bruscamente. Minhas roupas apropriadas estavam no carro de apoio, que mais uma vez se adiantara ao grupo. Consequentemente, eu estava numa verdadeira fria. Coloquei apenas mais um par de luvas e prossegui por penosos 2 km. Tremendo de frio, trepidando por causa das costelas-de-vaca, não pude deixar de esbravejar comigo mesmo. Ali estava eu aprendendo que o Tibete é assim: instável, inconstante e manhoso. Lá os elementos sempre vão conspirar contra você.

Assim como veio, a nevasca se dissipou. Nesse instante encontrei Sylvia, que empurrava sua bicicleta e xingava em bom inglês o maldito carro de apoio que estava à nossa frente. Parei e empurrei com ela nossas bicicletas por uns 500 m. Quando olhei para trás, uma nova parede cinza se formara. Agora a nevasca vinha pelas nossas costas. Esse foi o fator motivacional que precisávamos para juntar as poucas forças que nos restavam e tentar nos manter à frente dela. Para complicar ainda mais, aquele trecho da estrada estava em obras e vários caminhões passavam levantando nuvens de poeira que impediam nossa visão por vários segundos. Tínhamos de usar máscaras, no meu caso uma bandana, para evitar a inalação de toda aquela poeira.

Eu nunca fui daqueles que dizem: "O que eu vim fazer aqui?". Não, decididamente eu sabia o que queria, mas aquele era o momento para colocar a bike no caminhão, quando o encontrássemos, e largar a pedalada. Sylvia estava pior que eu, e isso acabou me motivando a continuar pedalando a seu lado, incentivando-a até o caminhão, que encontramos a uns 800 m à nossa frente. Pena que meu guia não falava português, pois ele teria aprendido uma dúzia de xingamentos em nossa língua. Para chegar a esse ponto, muita coisa aconteceu antes.

Meu primeiro contato com o Tibete foi na minha infância, por meio de livros escritos por Lobsang Rampa. *A terceira visão*, *O médico de Lhasa* e *Entre os monges do Tibete*. Esses e outros livros haviam me levado, em meu imaginário, aos quatro cantos do planeta e despertaram meu lado cigano e a determinação de um dia conhecê-los. O que eu não imaginei é que isso seria feito em cima de uma bicicleta.

Desde que voltei a pedalar, incorporei a bicicleta ao meu estilo de vida. É difícil imaginar ficar muitos dias longe da magrela. Ela me desafia e me respeita. Sempre quer me levar mais longe, mas sempre no meu ritmo. Em 2005 fiz minha primeira longa travessia, o Caminho de Santiago de Compostela (1.100 km). Em 2006 foi a vez de atravessar os Andes e a Patagônia (1.087 km) e a cordilheira do Atlas, no Marrocos.

Ao buscar roteiros mais desafiadores resolvi conhecer, ao vivo, o Tibete do meu imaginário. A materialização desse desafio seria uma travessia de 1.000 km partindo de Lhasa, capital do Tibete, com destino

a Katmandu, no Nepal. No percurso, todo feito em altitudes elevadas, entre 3.600 e 5.300 m, um outro desafio foi incluído: pedalar até o acampamento-base do monte Everest. O percurso seria feito por uma estrada que liga as duas cidades, chamada Estrada da Amizade, ou Friendship Highway, onde 800 km seriam de terra e 300 km de asfalto.

Eu sabia que não seria fácil, mas confesso que as coisas foram bem piores do que eu imaginara. Depois de estudar as alternativas que havia, decidi por juntar-me a um grupo com dez pessoas, de diferentes nacionalidades, para fazer a travessia. Contaríamos com um carro de apoio e um guia tibetano.

Dois mundos

Estive em dois países diferentes, mas, por vários momentos, minha sensação era de estar em outro planeta, e num outro plano espiritual. Em nenhum outro país que visitei, e olha que foram mais de 60, pude sentir tanta religiosidade, pura como no Tibete. Um país de extremos, com a natureza sempre conspirando contra o ser humano. Difícil de respirar, mais difícil ainda para pedalar, mas com cenários únicos que valem qualquer esforço.

Num mesmo dia eu estava num deserto árido, com pouca vida, seco e gelado a 4.300 m, e no fim do dia já me encontrava numa floresta quase tropical, úmida e repleta de pássaros e animais, 2.000 m abaixo.

Subindo de 4.200 a 5.000 m em menos de 5 km de percurso

Acima: o Tibete é temperamental. Em poucos minutos, um dia ensolarado pode ser transformado num inferno de gelo

Ao lado: Ramalho, o primeiro brasileiro a pedalar até o acampamento-base do Everest, a 5.200 m

A interação que a bicicleta me proporcionou com as pessoas dos dois países foi uma experiência rica e que nenhum outro meio de transporte seria capaz de permitir. Diferentes fisionomias, traços mongóis, chineses e indianos estavam estampados nas pessoas ao longo do caminho, todos com sua beleza peculiar.

Apoio

Passei quase um ano pesquisando qual a melhor forma para fazer a travessia. Optei por contratar uma empresa no Nepal, especializada em organizar expedições de *trekking* e bicicleta por aquelas paragens. Eles forneceriam guias, um veículo de apoio para os ciclistas e o acampamento que seria montado em 11 das 17 noites da travessia. Essa equipe era constituída por dois guias e cinco ajudantes, que seriam responsáveis por montar a infraestrutura do acampamento. Os guias falavam inglês; os demais tinham muita boa vontade, mas nenhuma fluência. Isso não impediu a comunicação. O esquema funcionou bem quase o tempo todo. Dois pequenos caminhões foram utilizados. Um era efetivamente carro de apoio. Nele iam o guia e um motorista. O outro levava as barracas, cozinha e tudo que fosse necessário para o acampamento.

Um caminhão seguia os ciclistas, enquanto o outro ficava para trás desmontando o acampamento. Durante o dia nos ultrapassava de forma que, quando chegássemos ao nosso destino, tudo estivesse montado.

O grupo

O grupo, formado por dez pessoas, seis homens e quatro mulheres, era interessante. Um neozelandês, um escocês, um inglês, duas americanas, uma alemã, um casal de holandeses e dois brasileiros. A faixa etária variava

entre 30 e 56 anos de idade. O grupo foi subdividido naturalmente pelas afinidades e objetivos.

Eu, meu amigo brasileiro Rafael, o escocês John, o casal de holandeses e Sylvia, uma americana de 53 anos, maratonista nas horas vagas, formamos o grupo do pedalinho no parque. Íamos em nosso ritmo, apreciando a natureza e tirando muitas fotos. Antony e Stephany, um casal anglo-americano, o escocês Neville e a alemã Anya, eram o pelotão do deixa-que-eu-chego-na-frente. Pareciam estar em uma competição e faziam de tudo para serem os primeiros a chegar aos acampamentos. Ganhavam com isso mais tempo para não fazer nada e esperar a hora do jantar.

Comida

Confesso que sou meio restrito para alimentação e por lá não havia um menu à *la carte*, mas dadas as condições da travessia, posso dizer que tínhamos um restaurante cinco estrelas. Café-da-manhã, almoço e jantar quentes eram servidos em uma tenda. O cardápio incluía sempre uma sopa, um prato principal e alguma sobremesa. A comida era muito temperada, por influência da culinária hindu, mas pratos chineses, muito esquisitos, também eram comuns no cardápio. Depois do terceiro dia, resolvi não perguntar mais o que iria comer. Se não se mexesse no prato já era lucro.

Um tributo cobrado pela altitude era a falta de apetite. Tínhamos que nos policiar para comer o mínimo todos os dias. Mas não era fácil. Eu, que tenho o péssimo hábito de comer rápido, levava 20 minutos para socar goela abaixo uma pequena quantidade de alimento.

Igualmente difícil era manter uma ingestão constante de água. Pelo menos 3 ou 4 litros por dia. A secura do ar disfarçava a transpiração, e a sensação de que não se perdia água enganava todos.

Dia-a-dia

Acredite, em altitude todas as tarefas cotidianas são um verdadeiro desafio. Comer, andar, falar, ir ao banheiro. Longe da civilização tudo ficava pior. Nos acampamentos era montada uma latrina, um buraco de 40 cm de profundidade feito no chão onde era montada uma cabaninha, com um banquinho que parecia um *donut*. Os primeiros usuários eram os mais felizes, depois....

Bem, imagine então usar o banheiro quando o vento soprava forte.

*Katmandu:
o moderno e o antigo,
o sagrado e o profano
dividem as ruas da
capital do Nepal*

Ninguém confiava nas amarras da barraca, e para não ficar com as calças na mão, ou melhor, sem elas, era necessário segurar a barraca firmemente com as duas mãos, enquanto se tentava fazer, bem, você sabe o quê.

Alguns luxos cotidianos, como tomar um bom banho ou trocar de roupa, ficavam restritos aos dias em que ficávamos em hotéis, e olha que foram apenas 5 dias de hotel em todo o trajeto. O pior trecho foi entre Lhatse e Tingri, onde ficamos acampados por 5 dias seguidos. No acampamento até montaram uma barraca-chuveiro, onde podia-se tomar banho de caneca, mas o frio era tão intenso que apenas em dois dias de acampamento conseguimos usar aquela amenidade.

Graças aos céus, o olfato humano se acostuma, e isola o cheiro mais agudo depois de 48 horas. Isso, porém, não ocorre com os animais. Durante uma longa subida, parei para descansar ao longo da estrada e aproveitei para fotografar um pastor que cruzava com um rebanho de bodes e cabras. Ao passar por mim, um bode parou, cheirou meu braço e saiu em disparada. Aquilo me magooou muito.

O dia da redenção aconteceu quando chegamos em Zhangmu, última cidade do Tibete. Depois de cinco dias longe do chuveiro, todos do grupo entraram no hotel como uma horda de bárbaros, direto para os banheiros. Todos os homens haviam deixado a barba crescer e aproveitaram para raspá-la e cortar os cabelos. No jantar, quase tivemos de nos apresentar novamente.

A travessia

O território do Tibete é maior que a França, a Alemanha e a Inglaterra juntas, porém possui menos de 3 milhões de habitantes, o que resulta num grande vazio populacional fora das cidades. Algo que me deixava curioso eram as pessoas com as quais cruzávamos no meio do nada. Envolto em meus pensamentos, durante a pedalada, de repente me deparava com uma mulher caminhando sozinha em minha direção. Eu já havia pedalado dezenas de quilômetros sem ver nenhuma casa, e depois do encontro, outros tantos quilômetros de vazio se passaram. De onde vinha, para onde ia? Possivelmente uma nômade errante.

A passagem pelas pequenas vilas marcava um ritual constante. As crianças se colocavam ao longo da estrada e nos acenavam. Algumas diziam "hello" e, ao respondermos, diziam a segunda palavra que haviam aprendido em inglês: "money". Outras pediam bombons ou canetas. O que viria a seguir dependia da sorte. Algumas, revoltadas por não ganhar nada, atiravam pedras; outras mostravam um olhar de tristeza que ainda povoa os meus pensamentos.

Em uma das vilas, compramos algumas bolachas para presentear crianças que viéssemos a encontrar. Mas, como de boas intenções o

inferno está cheio, nossa atitude acabou desencadeando uma tremenda briga pela disputa das bolachas por um grupo de estudantes.

    Quando parávamos para almoçar, era inevitável juntar ao redor do grupo uma trupe de espectadores. Homens, mulheres e crianças ficavam nos observando atentamente a uma distância de 1 m. Parecíamos animais no zoológico. Não falavam nada, mas, a cada gesto que fazíamos, éramos acompanhados por olhares atentos. Aquilo foi engraçado nos primeiros dias, mas depois acabou se tornando uma chateação, pois o cansaço do pessoal acabava refletindo na pouca paciência de alguns em interagir com os nativos.

    Pior era quando havia camponeses no local onde acampávamos. Deitado na barraca, esperando pelo jantar, era frequente alguém chegar, se ajoelhar na porta e ficar observando-me fixamente. Algumas vezes, era necessário fechar o zíper da barraca para se livrar do abelhudo. Depois de alguns dias, decidi que nunca mais iria a um zoológico. Eu sei o que os bichos passam.

Dragão na entrada de um templo e uma vendedora de flores nas ruas de Katmandu

A primeira aventura

Chegar ao Tibete já é uma grande aventura. Escalas em Miami, Chicago, Délhi e Katmandu. Muitas horas no avião e outras tantas em salas de embarque, e olha que nem havia crise aérea por aquelas paragens. Em Katmandu ficamos dois dias, tempo necessário para obter o visto para o Tibete. O voo para Lhasa foi um dos mais bonitos que já fiz. Com o cuidado de pegar uma janela do lado esquerdo do avião, pude apreciar com calma a magnífica visão da cordilheira do Himalaia. Pude ver vários dos picos com mais de 8.000 m, e foi o momento de avaliar a extensão do que eu teria de pedalar para voltar a Katmandu. Foram necessários 17 dias de pedaladas para percorrer a extensão que liga as duas cidades.

Quase 80% do percurso foi feito no Tibete. Talvez algumas das mais belas paisagens do planeta estejam ali. A aproximação do aeroporto de Lhasa confirmou o cenário monocromático, sem vegetação e com planícies imensas vigiadas por altas montanhas. As estradas de terra serpenteiam as montanhas e levam aos altos passos, que são ornamentados com bandeiras coloridas de oração, muros de pedras e muitas oferendas na forma de lenços brancos, roupas, sapatos e chifres de iaque. Um cenário muito diferente do colorido Nepal, que havia deixado há pouco, com suas florestas verdes, clima úmido e grande diversidade de vida animal.

O Tibete

Um dos lugares mais remotos do planeta, o Tibete é país de mistérios e magias. Nem a ocupação chinesa conseguiu afastar o povo tibetano da sua religião, o budismo. Lá, Buda e os *bodhisattvas* – pessoas que atingiram a iluminação mas que recusaram o nirvana, resolvendo ficar na Terra, ajudando outras pessoas na sua elevação espiritual – fazem parte da identidade do país.

Lhasa

A Lhasa que conheci foi muito diferente daquela que eu idealizara. O palácio Potala estava lá, majestoso sobre a colina. Contudo, aos seus pés se desenvolveu uma cidade moderna, que, embora pequena, ocidentaliza-se a passos largos. Imagine, em Lhasa eu via diversos automóveis Santana usados como táxis. Decididamente essa não era a minha romântica Lhasa. A invasão chinesa continua, só que agora sem exército ou armas. No seu lugar a ocupação se faz por meio de lojas e do comércio que, em sua maioria, é feito por imigrantes chineses que aos poucos vão comprando terras e anexando cada vez mais o território ao da China, discretamente.

O centro velho da cidade gira em torno do monastério Jokhang, considerado o mais sagrado do Tibete. Na frente do monastério o fervor religioso se manifesta por meio de dezenas de pessoas que efetuam um ritual contínuo. Unem as mãos junto ao rosto, depois as abaixam, se ajoelham, inclinam-se para a frente e deitam no chão. O ritual, visto a distância, mais parece uma aula de aeróbica numa academia ao ar livre.

Ao entrar no monastério fui envolvido por uma sensação diferente. A penumbra é alimentada por dezenas de lamparinas e aumenta o clima de comoção dos devotos. Ali, muitos estavam em outro plano.

Do topo do monastério, a visão do palácio Potala era magnífica e nos convidava a visitá-lo imediatamente. Sair do monastério era voltar ao mundano plano terreno. Poucos passos eram necessários para adentrarmos a rua do comércio local, onde açougues com carnes expostas às moscas se mesclavam com vendedores de lembranças para turistas e ao constante fluxo de peregrinos.

A travessia começa

Depois de três dias em Lhasa, numa tentativa de aclimatação, o grupo iniciou o primeiro dos 17 dias de pedalada. No roteiro passaríamos por quatro cidades: Xigatse, Gyantse, Lhatse e Zhangmu. Entre elas, inúmeros vilarejos seriam atravessados.

O primeiro dia

Esse primeiro dia seria "leve": percorrer uma distância de 80 km, quase tudo plano e no asfalto.

Menos de 30 km e a altitude já cobrava seu tributo. A americana, Sylvia, começou a passar mal, teve náuseas e vomitou. Ficou no carro de apoio o restante do dia.

Por mais que tenha me preparado fisicamente, a altitude dá a sensação de completo sedentarismo, em que você é forçado a correr os 100 m rasos contra Carl Lewis.

Começamos a pedalar numa altitude de 3.600 m. Durante os próximos dias pedalamos num patamar médio de 4.200 m, com pelo menos seis passos com mais de 5.000 m.

Todas as manhãs eram muito frias. Num dos dias começamos bem cedo saindo de 3.600 m. Depois de 25 km de subida contínua, atingimos 5.248 m de altitude. Nos últimos quilômetros,

*Ao lado: detalhes
de Katmandu*

*Homem santo,
o Sadhu percorre
as ruas da cidade*

duas nevascas fizeram que a temperatura caísse abaixo de zero, e o vento, cortante e inclemente, soprava contra nós.

Em altitude, o clima é imprevisível. Na meia hora que permaneci no alto do passo, vi passarem duas nevascas e abrir um sol de verão, tudo intercalado por rajadas de vento fortíssimas. A descida parecia fácil, mas o frio e o vento não davam tréguas e levavam alguns membros do grupo a optar por usar o veículo de apoio. Para um deles, aquela descida foi desesperadora. Já não sentia mais os dedos das mãos e, num gesto de desespero, parou e urinou nelas para poder aquecê-las.

A altitude, o ar extremamente seco e a poeira iam minando alguns dos membros do grupo. Neville, da Nova Zelândia, ficou resfriado, com tosse e, mesmo assim, não desistiu de pedalar, até que num dia, após o almoço, estava ao lado do carro de apoio quando olhou para mim e desmontou no chão, inconsciente. O susto foi geral, mas ele logo se recobrou. Contudo, foi impedido pelo grupo de pedalar o restante do dia. Mesmo sendo médico, ele insistia em pedalar, mas dava mostras de que ainda não estava bem.

Ao chegar ao patamar de 5.000 m, um fenômeno chamado respiração Cheyne-Stokes mostrou-se cruel comigo. Nessa situação cria-se um padrão de respiração com três ou quatro inspirações curtas seguidas de uma profunda inspiração. Durante o dia o efeito não é tão grande pela atividade física intensa, mas durante a noite fica impossível dormir. Você acorda assustado como se estivesse sufocando.

O caminho nos brindava com cidades mágicas e que serviam como um oásis para corpos cansados. Xigatse, antiga capital do Tibete, preserva um dos mais importantes mosteiros do país: Tashi Lhunpo. O complexo, rodeado por muros, mais parece uma fortaleza com alguns edifícios pintados de vermelho e muitos telhados dourados.

Gyantse, a menos de 100 km dali, conserva uma magnífica fortaleza dos séculos XIV e XV. Lá comprei alguns cobertores extras, pois nossos sacos de dormir aguentavam -20 graus, mas o seu ocupante não.

Os dias passavam e, mesmo pedalando em grupo, a maior parte do tempo você está sozinho. Em alguns momentos o silêncio abissal das planícies era interrompido apenas pela respiração ofegante.

A monocromia da paisagem tibetana raramente se tornava monotonia. Nos momentos em que o cansaço tentava dominar aqueles que desafiavam as alturas, abria-se uma pradaria que se desenvolvia graças aos riachos que sulcavam a paisagem e remetiam o olhar para o horizonte, onde algum gigante de pedra se erguia e parecia nos dar força para continuar.

Lagos azul-turquesa surgiam entre vales e pareciam disputar com o céu o tom mais bonito entre os azuis. Desertos eram os maiores companheiros durante a viagem. De aparência estéril, eles se mostravam cheios de vida. A visão se acostumava aos detalhes e pequenos roedores, marmotas e alguns pássaros dividiam a imensidão com alguma vegetação rasteira.

Naquela amplitude sem medidas, a paisagem humana era secundária, mas inesperadamente presente. Nômades surgiam do nada, caminhando para lugar nenhum. Mulheres com roupas listradas, fios coloridos nas tranças e turquesas enfeitando cintos e brincos eram figurantes que quebravam a cor castanha das planícies.

Chomolangma

Chomolangma, Sagarmatha e Everest. Você pode escolher um entre os três nomes para designar a mais alta montanha do mundo. O primeiro é tibetano, o segundo nepalês, e significa algo como "aquela cuja cabeça toca o céu". O terceiro é o nome pelo qual você provavelmente a conhece, o nome do geógrafo britânico que verificou sua altitude.

No 11º dia de viagem, atingimos o acampamento-base do Everest. Acampamos 8 km antes, no mosteiro de Rongbuk. Situado no vale de mesmo nome, a 5.000 m de altitude, é considerado o mosteiro mais alto do mundo.

A primeira visão do Everest ninguém esquece. Ele se mostra majestoso e desafiador. Fui dormir com a ansiedade de percorrer os poucos quilômetros que me separavam do acampamento-base. O cansaço do grupo fez que parte dele decidisse ir a pé. Fiquei com minha inseparável magrela. Seria com ela que eu chegaria lá. Na ansiedade de partir, não fiz uma verificação básica na minha mochila, o que me custou caro pouco mais adiante. Um erro banal de minha parte. Esqueci de pegar algumas barras de cereal e achei que a garrafa d'água estivesse cheia.

Os quatro primeiros quilômetros foram fáceis. O sol brilhava e o Everest estava vistoso à minha frente. Mas o temperamental clima tibetano mudou tudo em poucos minutos. Quando atingi seis quilômetros, o tempo começou a fechar e o Everest a se esconder. Minhas pedaladas estavam vagarosas e eu comecei a sentir uma fraqueza enorme. Fui pegar as barras de cereal e nada delas. Não acreditei que as tivesse esquecido. Parei para tomar água e outra decepção. Psicologicamente aquilo me afetou bastante. Fiquei me cobrando por aquela falha, ao mesmo tempo que começava a pedalar. Mas eu quase não tinha forças. Estava começando a enxergar em preto-e-branco. Resolvi parar para descansar. Dez minutos depois, para minha sorte, John, o escocês, vinha caminhando. Ao ver meu estado, ofereceu-me uma barra de chocolate e água. Tudo que eu precisava. Devorei a que ele me deu e pedi

---

ENTRE OS MONGES DO TIBETE

"Os picos escarpados do Himalaia rasgavam com decisão o púrpura-vivo dos céus tibetanos, ao cair da tarde. O sol poente, encoberto por aquela cordilheira poderosa, atirava cores cintilantes e iridescentes sobre a capa branca de neve que desce permanentemente dos pontos mais altos. O ar se mostrava cristalinamente claro, revigorante, permitindo visibilidade quase ilimitada.

À primeira vista, a paisagem desolada e congelada parecia inteiramente destituída de vida. Nada se mexia, nada se agitava, senão o pendão comprido de neve que se balançava lá em cima. Aparentemente nada podia viver naqueles ermos montanhosos e inóspitos, nenhuma vida pudera instalar-se ali, desde o início do próprio tempo."

[Extraído de *Entre os monges do Tibete*, de Lobsang Rampa.]

---

uma outra. Meio litro de água goela abaixo e as cores começaram a voltar. Comecei a empurrar a bicicleta caminhando com John por uns 50 m, até estar seguro de que eu não iria apagar. Aí subi na bicicleta e continuei a pedalar aquele quilômetro final.

Mas valeu a pena! Uma sensação incrível de realização. Aquelas cenas que eu só via nos documentários do National Geographic, e lá estava eu, um sedentário assumido que se tornara o primeiro brasileiro a pedalar até o acampamento-base. Aprendi também que a sensação de realização pode ser maléfica quando se tem mais de 400 km pela frente para terminar a travessia. Nos dois ou três dias seguintes, manter a motivação para pedalar exigiu muita concentração e disciplina.

No 14º dia de viagem, virei criança. Ao partir de uma altitude de 4.300 m, teríamos uma descida de 120 km pela frente. Toda feita em estrada de terra. No primeiro dia seriam 70 km até Zhangmu, a última cidade do Tibete. A descida marcaria uma mudança radical de cenário e temperatura. Abandonaríamos as planícies desérticas e frias para chegarmos a uma floresta quase tropical 2.000 m abaixo. No caminho cruzamos com geleiras, pedalamos dentro de nuvens que teimavam em subir as encostas das montanhas. A sensação de perigo fomentada pelo mal estado da estrada, com a velocidade da descida e a possibilidade de tomar banho depois de cinco dias faziam com que todos do grupo quisessem chegar na frente.

De Zhangmu pedalamos 70 km, descendo até 600 m e subindo a 1.600 m para passar a penúltima noite na cidade de Dhulikhel, onde uma última visão da cordilheira nos seria ofertada. De lá para Katmandu eram apenas 35 km.

> **MAL DE ALTITUDE**
>
> À medida que a altitude aumenta, o ar, inversamente, rarefaz-se. Para compensar essa redução, o organismo aumenta a produção de glóbulos vermelhos, responsáveis pelo transporte do oxigênio dos pulmões aos tecidos restantes. Com isso o sangue torna-se mais denso e a circulação perde eficiência. O organismo tenta compensar essa situação aumentando os batimentos cardíacos para bombear o máximo de oxigênio. Soma-se ainda a umidade quase inexistente que colabora para a perda de líquidos do corpo. A desidratação é rápida se o viajante não se policiar. É fundamental beber de 3 a 4 litros de água por dia.
>
> Os pulmões requerem maior fluxo sanguíneo quando o oxigênio do ar está menos disponível. O aumento do fluxo sanguíneo nos pulmões pode causar o vazamento de fluidos dos vasos sanguíneos para os espaços de ar, o que provoca edema pulmonar de altitude.
>
> Os sintomas mais amenos do mal de altitude são dor de cabeça e náuseas. Cansaço, visão turva, tonturas, insônia e falta de apetite completam o quadro.
>
> A respiração entra num padrão irregular chamado Cheyne-Stokes, que eu mesmo vivi. Três ou quatro inspirações curtas seguidas e uma muito longa. Durante o dia o sintoma é amenizado, pois você está ofegante naturalmente, pedalando ou caminhando. Contudo, à noite, com a redução da atividade metabólica, esse padrão de respiração torna quase impossível dormir. Você acorda assustado com a sensação de estar sufocado.
>
> Para reduzir esse efeito, há um medicamento chamado acetazolamida – diurético desenvolvido para baixar a pressão ocular em casos de glaucoma –, que mostrou-se muito eficaz. Tomei-o por alguns dias, mas o efeito colateral era desagradável. A quantidade de urina aumentava muito, obrigando-me a acordar durante a noite, várias vezes. Como elimina sais minerais e potássio, o dia seguinte era sempre mais penoso, e a sensação de cansaço, maior. Porém, melhor que não dormir a noite inteira.

Os últimos quilômetros foram estressantes. O trânsito em Katmandu é absolutamente maluco. Usam buzina no lugar de freio e, se você estiver numa bicicleta, é bom invocar todos os mantras, as orações e as mandingas para não ser atingido por algum carro.

A chegada ao hotel Annapurna, do qual tinha saído havia 22 dias, parecia inacreditável. Teríamos dois dias ali antes de começarmos a aventura da volta.

Katmandu

Thamel é o bairro mais agitado da cidade. Num labirinto de ruas e ruelas você encontra todo tipo de mercadoria. Os preços são ótimos para artigos de montanhismo, as lembranças típicas e o comércio cotidiano.

Em Katmandu, uma visita à praça Durbar é obrigatória. Encontramos vários templos religiosos hindus, com uma riquíssima arquitetura. Embora a maioria da população seja hindu, o budismo é a segunda religião do Nepal.

Outro local a ser visitado é o chamado Boudhanath, templo dos budistas. Uma construção muito curiosa, redonda e maciça, que termina no centro de forma pontiaguda. Os crentes andam ao seu redor, em sentido horário, entoando rezas e mantras.

Finalmente, uma visita ao bairro de Pashupatinath, onde ocorrem as cremações públicas, um local impressionante à beira do rio Bagmati, que faz o papel de um primo do rio Ganges.

A última noite em Katmandu foi num bar muito famoso, o Rhum Doodle – espécie de templo de *trekkers*, *bikers* e alpinistas. O bar oferece refeições vitalícias a todos os alpinistas que tenham atingido o cume do Everest.

Estive num cenário de gigantes, no qual me sentia quase sempre insignificante, mas interiormente, ao final, muito grande por ter conseguido completar a travessia. De volta ao Brasil, sinto que uma parte de mim mudou. É impossível visitar o Tibete e continuar sendo o mesmo.

Namaste!

Namaste (pronuncia-se "namastê") é uma saudação típica da região e é composta de duas palavras sânscritas: *Nama* (reverência, saudação) e *Te*, que significa você. Em síntese é: saúdo a você, de coração.

Como chegar: *prepare-se para muitas e muitas horas de voo. Pelo menos duas conexões obrigatórias. Você terá de fazer uma escala na Europa ou nos Estados Unidos e outra em Délhi antes de chegar a Katmandu.* **Quando ir:** *o melhor período é durante a primavera e o verão, de abril até outubro. Agosto pode ter alguma incidência, leve, de chuvas. Você deve esperar grandes variações de temperatura num mesmo dia. Veja o blog da viagem: www.himalaiadebike.blogspot.com*

OCEANO GLACIAL ÁRTICO
Mar de Kara
Mar da Sibéria
CÍRCULO POLAR ÁRTICO
Rússia
EUROPA
Mar de Okhotsk
Mar de Bering
Cazaquistão
Mongólia
Mar Cáspio
Uzbequistão
Quirguistão
Turcomenistão
Tadjiquistão
Coreia do Norte
Mar do Japão
Japão
Coreia do Sul
China
Afeganistão
Irã
Tibete
Nepal
Lhasa
Katmandu
Everest
Butão
Kuwait
Paquistão
Emirados Árabes
Bangladesh
Birmânia
OCEANO PACÍFICO
TRÓPICO DE CÂNCER
Omã
Laos
Mar das Filipinas
Iêmen
Tailândia
Vietnã
Camboja
Filipinas
Mar da Arábia
ÁFRICA
Malásia
OCEANO ÍNDICO
INDONÉSIA

Oasis de Tinhir

Marrocos

Eu já havia visitado o Marrocos como turista convencional. A forma mais tradicional de conhecer o Marrocos é participar de um *tour* que muitas operadoras chamam de Cidades Imperiais. Nele o turista visita em uma semana as principais cidades do país, como Casablanca, Rabat, Marrakesh e Fez, muito conhecida dos brasileiros depois da novela *O clone*.

Quem tem espírito de aventura pode optar por conhecer o país de maneiras bem menos convencionais. Sair das grandes cidades marroquinas e entrar no fascinante mundo da cordilheira do Atlas – área conhecida como pré-Saara. Essa aventura vai recompensar o viajante com suas paisagens cinematográficas e uma cultura fascinante que aparece em cada detalhe da vida cotidiana das vilas e acampamentos berberes que se encontram pelo caminho.

Ait Benhaddou já foi cenário de filmes famosos, como O gladiador

Uma cidade com alma e corpo tem na praça Djemaa El Fna seu coração. É em torno dessa praça que Marrakesh vive

Mas você não precisa ser um Indiana Jones para participar dessas aventuras nem terá que levar chicote, facão e arma. Vá armado de uma câmera fotográfica ou uma filmadora. Você pode optar por um *tour* num veículo 4x4, com ar-condicionado ou com tantas quanto o seu bolso permitir e participar de um safári cinco estrelas.

Um exemplo de sofisticação é o hotel Dar Ahlam, um verdadeiro oásis no deserto que propicia todo luxo e conforto ao intrépido aventureiro. Localiza-se na província de Ouarzazate, a porta de entrada do Saara.

Outras excursões em veículos 4x4 combinam *trekking* e várias atividades ao ar livre nos vastos cenários da região. Para os mais dispostos, outra opção é atravessar o Atlas numa bicicleta, e foi dessa forma que conheci um país fascinante.

O roteiro de bicicleta passa pela mesma região dos pacotes de 4x4, mas a bicicleta oferece a possibilidade de um contato muito mais próximo com as pessoas. Com um espírito mais aventureiro, juntei-me a um grupo de cinco espanhóis para uma travessia, de bicicleta, de 400 km durante cinco dias. Uma viagem, literalmente, pra lá de Marrakesh.

Marrakesh

Marrakesh é o ponto de partida dessa aventura. Aliás, a cidade em si já é uma aventura para o turista. Existem duas Marrakesh. A árabe, com seus mercados e ruas estreitas, e a francesa, com suas avenidas largas e ruas arborizadas, no melhor estilo europeu. Marrakesh tem como ícone a grande torre da mesquita de Koutoubia, localizada na principal avenida da cidade, o Boulevard Mohamed V. A partir dela o turista pode caminhar uns 300 m por uma alameda onde vai encontrar dezenas de carruagens que servem de táxis aos turistas, para levá-los ao principal ponto turístico da cidade.

Uma cidade com alma e corpo, que tem na praça Djemaa El Fna seu coração. É ao redor dessa praça que a cidade vive. Além de dividir a cidade, separando a parte antiga da moderna, a praça também funciona como uma máquina do tempo que leva o viajante do século XXI a algum lugar do passado, em meio a um filme temático.

Djemaa El Fna é a porta de entrada à medina, com suas ruas estreitas e o comércio à moda antiga, no melhor estilo árabe, em que a barganha é peça-chave para fazer qualquer negócio.

Durante o dia a praça é uma confusão: encantadores de serpente, vendedores de água, malabaristas, leitores de mão, artistas mambembes, vendedores de suco de laranja, barracas para pintura de tatuagens de hena e não sei mais quantos tipos diferentes, cada um a seu modo, tentando ganhar a vida. À noite a desordem se transforma num caos. No pôr-do-sol a praça torna-se um grande restaurante a céu aberto. Sua área central é tomada por barracas de alimentação nas quais se preparam comida típica e trivial. Dos tradicionais cuscuz, tabule, tahine, kafta e outras iguarias conhecidas dos ocidentais até pratos exóticos que exigem certo desprendimento para sua degustação. Olhos de carneiro, entranhas de bode e outras tantas especialidades estão à disposição dos turistas mais corajosos.

Para apreciar o frenético e variado espetáculo proporcionado pela praça, a dica é subir a um dos cafés que ficam no terraço dos prédios que a rodeiam. Ali, vale o ditado árabe: "A pressa mata". Peça um chá com menta e relaxe. Em cada metro da praça você terá uma atração única para observar, de camarote.

Depois de relaxar, tome fôlego e entre na medina; vá às compras. Marrakesh é a cidade das cores, dos sabores, dos odores. Nas ruas e lojas estreitas, você encontrará de tudo. Tecidos, artesanato, roupas, tapetes, bijuterias, tudo tanto para turistas como para os habitantes da cidade. É nessa mistura que terá de se embrenhar e regatear o preço de qualquer coisa que for comprar.

É quase uma ofensa não barganhar. Além disso, o preço inicial que lhe ofertam, certamente, é o dobro do que vale a mercadoria. A regra básica é iniciar a negociação oferecendo cerca de 30% do valor original e fechar por 40 ou 50% do preço. Isso vai lhe dar uma sensação de vitória na negociação. Mas lembre-se de que os comerciantes nunca fazem um mau negócio.

Encontros inesperados. Ao chegarmos à vila de Tinthir, encontramos cinco jovens marroquinas caminhando ao longo da estrada

A pedalada começa

Depois de dois dias em Marrakesh chegou a hora de começar a aventura. Todos do grupo estavam ansiosos para começar a pedalar. Depois de acordar às 6 da manhã, tomar o café e colocar as bicicletas no bagageiro do 4x4, tínhamos uma trajetória de aproximadamente cinco horas pela frente até o ponto inicial da viagem, a pequena vila de Tizinisli, no meio do Alto Atlas.

A cordilheira do Atlas é uma cadeia de montanhas que se estende por 2.400 km através do Marrocos, da Argélia e da Tunísia. O pico mais alto é o Jbel Toubkal, com 4.167 m, localizado no sul do Marrocos. As montanhas do Atlas separam as margens do Mediterrâneo e do oceano Atlântico do deserto do Saara.

Você pode se contentar com a origem geológica dessa cordilheira, mas eu prefiro a interpretação mitológica. Atlas era um dos Titãs da mitologia grega. Em algumas versões da mitologia, ele foi condenado por Zeus a carregar os céus nas costas, sendo transformado numa montanha. Em outra versão, depois da guerra dos Titãs, Atlas foi para o norte da África e ali permaneceu como pastor. Um dia Perseu passava por aquelas terras quando foi indagado por Atlas para onde iria. Não tendo convencido Atlas de suas intenções, o Titã impediu sua passagem. Perseu, que havia derrotado Medusa, cujo olhar transformava qualquer ser em pedra, retirou a cabeça da górgona de um saco e transformou o gigante Atlas na cordilheira de montanhas que hoje leva seu nome.

A população dessas montanhas é constituída principalmente de berberes, no Marrocos. Nesse dia tínhamos 65 km a ser percorridos, em estrada asfaltada. Um desnível de 1.200 m verticais teria de ser vencido. Com temperatura em torno de 28 graus, a pedalada começou por volta da 1 hora da tarde. Ao longo do percurso cruzamos algumas vilas nas quais um ritual se repetiria durante toda a viagem. As crianças das aldeias, ao verem o grupo chegar, iam para as ruas e aguardavam ansiosamente por algum tipo de presente.

"Monsieur, Monsieur, un stylo, un bonbon", diziam as crianças, em francês, nos pedindo uma caneta ou um bombom. Surpresos, restava-nos apenas retribuir o aceno de mãos a elas.

Por causa de um erro de cálculo do guia, os últimos quilômetros da pedalada ocorreram após o pôr-do-sol. Três pessoas do grupo, inclusive eu, optamos por colocar as bicicletas no carro de apoio. Os outros três resolveram continuar no escuro, com o carro de apoio iluminando a estrada. A poucos quilômetros da vila de Imilchil, onde dormiríamos, uma surpresa: centenas de ovelhas, em diversos rebanhos, andavam pela estrada, retornando com seus pastores. Um verdadeiro ziguezague precisou ser feito para ultrapassá-las. Imilchil fica a 2.200 m de altitude e, no inverno, a temperatura pode chegar a -15 graus. A vila tem energia elétrica provida por geradores. Depois das 11 horas da noite eles são desligados. Mas isso não era problema, pois, cansados como estávamos, antes desse horário já estávamos dormindo.

No segundo dia tínhamos um percurso de 90 km a percorrer. Os primeiros 20 km em asfalto e o restante por estradas de terra. Nesse dia atingimos o ponto mais alto da pedalada, 2.700 m de altitude. Um cenário impressionante no qual podíamos ver vales e cânions com mais de 600 m de desnível. Levamos 20 km para subir de 2.300 m a 2.700 m. Leve e contínua, a subida contrastou com a descida que veio a seguir. Em menos de 6 km, com muitas curvas em S e cascalho solto, voltaríamos para uma altitude de 2.200 m. A descida foi perigosa, mas emocionante. Mãos no freio o tempo inteiro. No fim do dia chegamos à vila de Tamta, onde pudemos descansar e jantar em uma autêntica tenda berbere.

No alto: rebanhos de ovelhas cruzavam nosso caminho em todos os dias da viagem
Acima: hospitalidade árabe. Depois de meia hora de conversa na praça, um senhor nos convidou para tomar chá em sua casa

Nesse dia tivemos outro encontro com crianças, mas dessa vez um pouco triste, pois algumas delas, desapontadas por não terem recebido nenhum presente, acabaram atirando pedras em alguns dos ciclistas.

O terceiro dia de pedalada seria o mais curto. Menos de 40 km nos levaria de Tamta até Tinhir. O percurso era quase todo plano ou em descida, uma maravilha para quem pedala. Passaríamos também por um dos lugares mais impressionantes, as gargantas do Todra, formadas pela erosão da água. A montanha foi cortada pelo riacho e formou um caminho onde paredes de mais de 100 m de altura afunilam a estrada.

Depois de uns 2 km na garganta, o cenário mudou completamente, o que me lembrou algumas cenas do segundo filme de *A múmia*, em que os heróis, voando em um balão, passavam do deserto a um oásis de palmeiras depois de atravessar uma garganta como a do Todra.

Tinhir é a capital dessa província do Atlas. Bordeada por um enorme palmeiral, possui muitos artesãos e a produção de tapetes local é responsável por maior parte da receita da cidade.

A rotina da pedalada dependia do terreno que encontrássemos. Em geral pedalávamos uns 30 km e fazíamos uma pausa para descanso. O esforço físico era moderado em grande parte do percurso.

Para quem pedalou pouco no dia anterior, tínhamos 115 km pela frente. O destino final era Knob. Nesse dia cruzamos o monte Sagro, com 2.300 m de altitude. Essa montanha se encontra na área que antecede o deserto do Saara. Acordar às 6 da manhã para aproveitar a baixa temperatura das primeiras horas foi importante para atingirmos nosso objetivo. O trajeto desse dia pelas montanhas alternava em intermináveis sobe-e-desce. Apenas os últimos quilômetros foram amenos. A recompensa do dia: hotel Baha Baha, uma construção do início do século XX restaurada e finamente decorada com temas berberes.

Esse dia tinha tudo para ser fácil. Seriam aproximadamente 100 km, a maioria, conforme o guia, de terreno plano. Isso é verdade. Os primeiros 25 km foram tranquilos, com estrada asfaltada, plana. Paraíso. Só que dois fatores tornaram a pedalada um martírio. Um forte vento contra se manifestou em boa parte do dia. Dos 20 ou 22 km/h de média, a velocidade caiu para 14 km/h. E o calor! Após o meio-dia pedalamos com temperaturas nunca inferiores aos 40 graus. Às 3 horas da tarde, o termômetro marcava 46 graus. Com o vento contra, a sensação que tinha era a mesma de estar com um secador de cabelos apontado para o rosto. Foi realmente duro. Decidimos que os últimos 20 km até a cidade de Zagora faríamos no carro de apoio. Decisão acertada. Esse dia nos proporcionou uma experiência única. Encontramos dois camelos selvagens fazendo um lanchinho, ou seja, comendo folhas de uma pequena árvore a uns 200 m da estrada. Não tivemos dúvida em nos aproximar para observar a cena à distância de 10 m, rezando para que os camelos não resolvessem nos dar uma carreira, pois não tínhamos mais pernas.

Chegar em Zagora, depois de atravessar quilômetros e palmeirais, foi muito gratificante. A pedalada chegava ao fim. Todos cansados, mas satisfeitos. Um banho de piscina foi o refresco necessário ao corpo.

Voltar a Marrakesh nos tomaria o dia todo. Os aproximadamente 350 km levariam nove horas. Teríamos de cruzar o Atlas por meio de uma estrada tortuosa que deixava a média horária bem baixa. Além disso, uma parada no caminho para almoço em Ouarzazate e uma visita à mais incrível das cidades do Marrocos, Ait Benhaddou, demoraria pelo menos duas horas.

Ait Benhaddou é patrimônio da humanidade. Ao chegar ao local, é impossível não ficar boquiaberto pela arquitetura. O curioso é que eu tinha impressão de conhecer o local. Puxando pela memória e com a ajuda do guia foi fácil. A cidade já fora cenário de filmes como *Lawrence da Árabia* e *O gladiador*.

Depois da visita a Ait Benhaddou a viagem prosseguiu. Em um único dia passamos por diversos microclimas. Temperaturas que foram dos 40 graus no deserto aos 5 graus no alto do Atlas. Vales férteis, outros estéreis e muitas aldeias encrustadas na montanha, onde seus habitantes viviam uma realidade e um tempo só deles, o que me fez lembrar de um ditado marroquino muito usado para explicar o ritmo de vida que levam: "Você tem o relógio, eu tenho o tempo".

Onde fica: *o Marrocos está localizado no norte da África, acima do Senegal e ao lado esquerdo da Argélia.*

Salar de Atacama

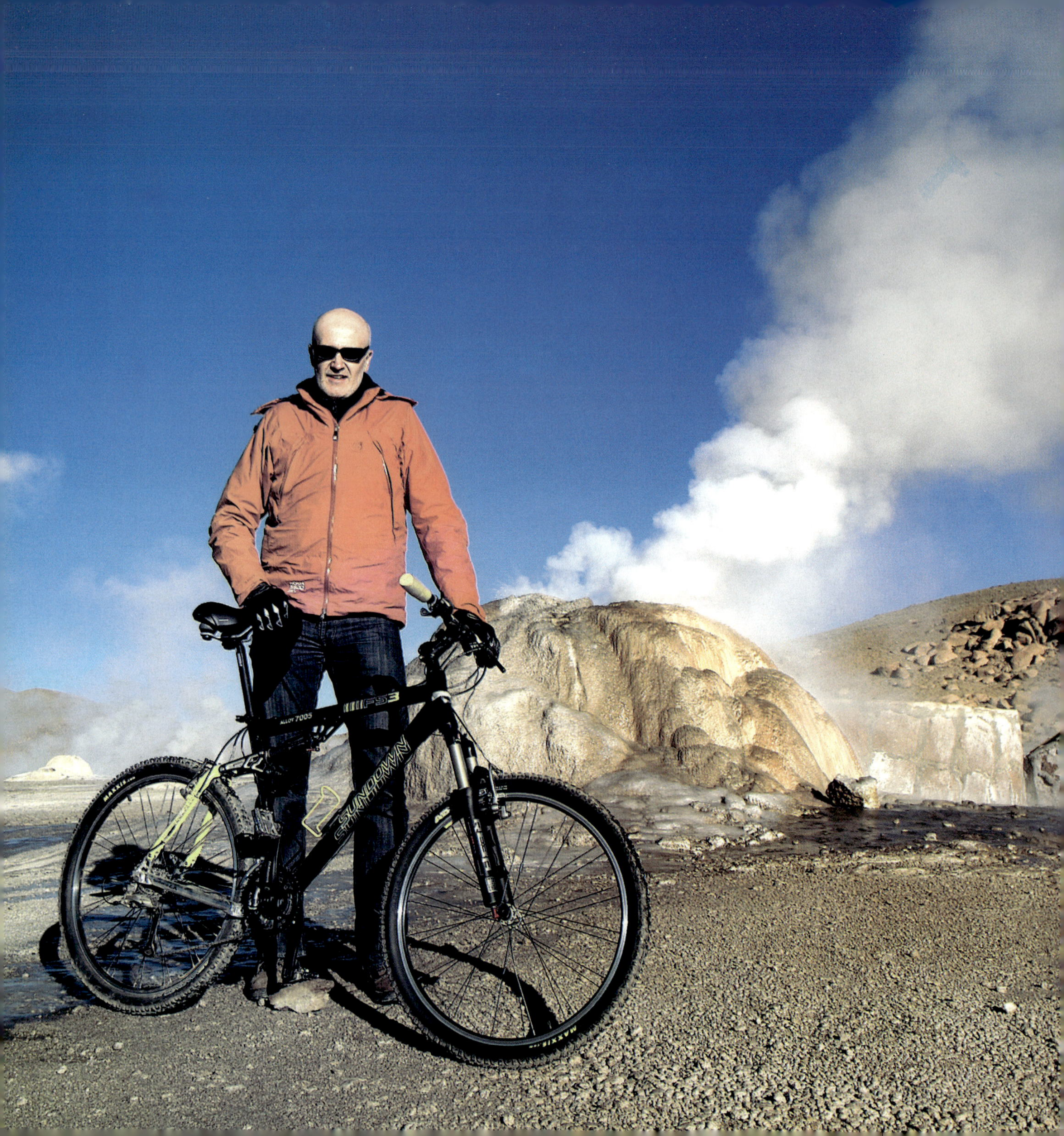
FS3
ALLOY 7005
SUNDOWN

Atacama

Depois de fazer o Caminho de Santiago de Compostela e atravessar a Patagônia, do Pacífico ao Atlântico, fui para o Atacama a fim de sentir o que é pedalar em altitude, uma espécie de treinamento para minha travessia seguinte, que seria cruzar o Himalaia numa bike e que você leu no primeiro capítulo deste livro.

O deserto do Atacama, no norte do Chile, é um verdadeiro parque de diversões para quem gosta de esportes de aventura. A natureza é particularmente generosa nessa parte do globo onde vulcões, desertos, gêiseres e salares dividem espaço com uma fauna muito especial. Tudo isso a uma distância que pode ser coberta numa bike.

Lá os desafios para quem pedala não são poucos. O maior deles é a altitude, depois vêm a atmosfera seca e as temperaturas extremas. Tudo isso parece conspirar contra o ciclista, mas, com um pouco de planejamento, você pode fazer uso dos recursos a seu favor e contar com uma infraestrutura adequada para pedalar pela região.

Ao lado: gêiseres del Tatio: pedalando a 4.300 m com uma temperatura de -7 graus. Abaixo: pedalando no vale da Morte

Acima: lagunas altiplânicas, joias da natureza a 4.300 m. Ao lado: flamingo no Salar de Atacama

O Atacama ocupa uma faixa relativamente estreita entre a cordilheira dos Andes e o Pacífico. São aproximadamente 600 km que se estendem da fronteira com o Peru e margeia a Bolívia e a Argentina.

Para explorar o Atacama de bike, minha sugestão é criar roteiros que possam ser feitos em um único dia, partindo de San Pedro de Atacama, que fica às margens do Salar de Atacama, um platô a 2.500 m de altitude e que se estende por uma área de 90 km.

Para se acostumar com a altitude, recomendo fazer pedaladas gradativas quanto à dificuldade e à altitude. Por exemplo, peladar ao redor de San Pedro, a 2.500 m. Depois subir de carro até destinos que ficam a mais de 4.000 m e voltar pedalando, assumindo o ditado de que na descida todo santo ajuda, e finalmente partir para uma pedalada que inclua subidas a partir de San Pedro.

Vale da Morte e da Lua

Nas imediações de San Pedro existem locais fascinantes. O vale da Morte, o vale da Lua, a cordilheira do Sal e a vila de Tulor, que podem ser visitados num único dia. O percurso todo não tem mais que 30 km. Esse roteiro é ideal para sua primeira pedalada, pois vai lhe dar uma ideia do que é pedalar naquela altitude.

Só para ter uma ideia do efeito do ar mais rarefeito, pedalando na região de São Paulo a 700 m de altitude, no plano, a 20 km/h e sem vento, meus batimentos cardíacos ficam em torno de 120 por minuto. Lá, nas mesmas condições e com a altitude de 2.500 m, os batimentos ficam em torno de 170 por minuto. A explicação é simples: com o ar mais rarefeito, o coração tem de bombear mais sangue para fornecer o oxigênio necessário. Nessa altitude, pedalar ainda não é tão difícil, dá para fazer longos trajetos, pois a região é bastante plana, principalmente ao redor do Salar.

Ao partir de San Pedro pela estrada que vai a Calama, você pedala uns 5 km até atingir a entrada do vale da Morte. A estrada logo se torna o fundo de um cânion com paredes de mais de 50 m. Sempre subindo, em menos de meia hora se atinge um local com enormes dunas em que muita gente vem praticar o *sandboard*, ou, para nós, o *skibunda*. A garotada aluga uma bike e uma prancha em San Pedro e vem para cá passar a maior parte do dia. A partir das dunas, a estrada continua subindo, só que agora um areião de mais de 1 km de extensão obriga-lhe a empurrar a bike. Sem chance de pedalar. No fim, um novo paredão afunila a estrada e marca o início de uma descida de uns 2 km que o levará até a saída do vale, já na estrada asfaltada. Ao tomarmos a esquerda, em direção a San Pedro, nos encontramos no meio da cordilheira do Sal, onde você pode ver o sal aflorar no meio da montanha. A descida tem uns 5 km e permite atingir velocidades de mais de 70 km. Um pouco antes de San Pedro, viro à direita em direção ao vale da Lua. Meu objetivo é pedalar até o sítio arqueológico de Tulor, distante 7 km, onde casas de barro (adobe) datam de mais de 2.000 anos e foram abandonadas no século IV, quando os recursos de água da região desapareceram. Aqui o terreno é completamente plano. Eu voltei para San Pedro, mas muitos ciclistas programam a ida no fim da tarde, para, depois de visitar Tulor, irem até

Lhamas, guanacos e vicunhas podem ser vistos em todas as áreas do Atacama

o vale da Lua, poucos quilômetros depois, para esperar pelo pôr-do-sol. Nesse caso é bom ter uma lanterna na bike ou capacete e não se esquecer de levar agasalhos, pois a temperatura cai rapidamente.

Lagunas altiplânicas

As lagunas altiplânicas Miscanti e Miñique ficam a uma distância de 100 km de San Pedro, numa altitude média de 4.200 m. Aqui a dica é pegar um *tour* numa das empresas que oferecam espaço para as bikes e voltar pedalando. Nesse percurso, aproximadamente 50 km são asfaltados e o restante, de terra batida em ótimas condições. A estrada vem numa descida gradual e praticamente inexistem subidas. É uma boa dica para a primeira pedalada de volta. Duas vilas no meio do caminho são pontos para uma parada. Toconao é a mais bonita e fica a uns 40 km de San Pedro.

Gêiseres del Tatio

Os Gêiseres del Tatio ficam a 90 km de San Pedro, numa altitude média de 4.300 m. É um dos cenários mais espetaculares que se pode imaginar. Os gêiseres são formados por fontes termais vulcânicas. A água sai do solo fervendo e, em contato com o ar gelado, forma colunas de vapor que chegam a mais de 40 m de altitude. Embora o fenômeno seja ativo durante todo o dia, é nas duas primeiras horas após o nascer do sol que é mais intenso, devido à baixa temperatura. Para visitar o local, muitas agências de turismo de San Pedro oferecem pacotes que o obrigam a acordar às 4 horas da manhã. Os 90 km de distância levam cerca de duas horas para serem percorridos, pois a estrada até lá não é das mais fáceis. Em pelo menos duas oportunidades o veículo 4x4 tem de cruzar um rio. Ao chegar aos gêiseres, a temperatura estava em torno de 8 graus e nos contaram que à noite chegou a -14 graus.

Ao andar pelos gêiseres, deparei-me com uma barraca e uma bicicleta. Era um alemão que estava pedalando desde Ushuaia e pretendia chegar ao Peru. Ele estava com a bike carregada e havia subido de San Pedro até ali. Uma verdadeira odisseia! Para suportar o frio, usava dois sacos de dormir. Depois de me despedir do alemão, só me restava começar a pedalada de volta. Optei por passar pela vila de Machuca, que tem apenas quatro moradores. Lá o guia que me levou ao Tatio me contou que um dos moradores preparava um dos melhores pastéis que ele já havia comido. Começar a pedalar a 4.300 m não é fácil, especialmente porque o trajeto de volta é do tipo descida com um monte de pequenas subidas no meio. As paisagens que se apresentam durante a descida são fascinantes e compensam o esforço. Levei umas cinco horas para voltar.

A impressionante vista do vulcão Licanbur a partir do vale da Morte

Acima, à esquerda: a lagoa no Salar de Atacama tinha os primeiros 20 cm gelados. A partir daí a água era quente como a de um chuveiro. Com tanto sal, era impossível afundar

Acima, à direita: fazendo sandboard nas dunas do vale da Morte

Termas de Puritama

As termas de Puritama ficam a 30 km e oferecem a possibilidade de se banhar nas fontes termais que ficam num cânion. Situada a 3.600 m de altitude, a pedalada de ida leva umas três horas e a de volta uns 40 minutos. Você pode optar por parar lá quando retornar dos gêiseres ou deixar o passeio para um dia específico com o objetivo de encarar as subidas.

Algo que não fiz nessa viagem, mas o farei da próxima vez que voltar ao Atacama, é a descida do vulcão Licancabur, que tem quase 6.000 m de altura. Aqui você tem que colocar a bike num 4x4 e ir até o ponto mais alto que se chega com carro, 5.000 m. Depois é só alegria para descer.

O Atacama é um dos lugares mais fascinantes do planeta. Quando me perguntam para qual lugar você voltaria um dia, o Atacama sempre encabeça minhas respostas.

Onde fica: *o Atacama fica no norte do Chile e faz divisa com a Bolívia.*

AMÉRICA CENTRAL

Linha do Equador

OCEANO PACÍFICO

- Venezuela
- Colômbia
- Guiana
- Suriname
- Guiana Francesa
- Equador
- Peru
- Brasil
- Bolívia
- Paraguai
- Chile
  - Iquique
  - Antofagasta
  - Valparaíso
  - Santiago
  - Concepción
  - Valdivia
- Argentina
- Uruguai

Trópico de Capricórnio

OCEANO ATLÂNTICO

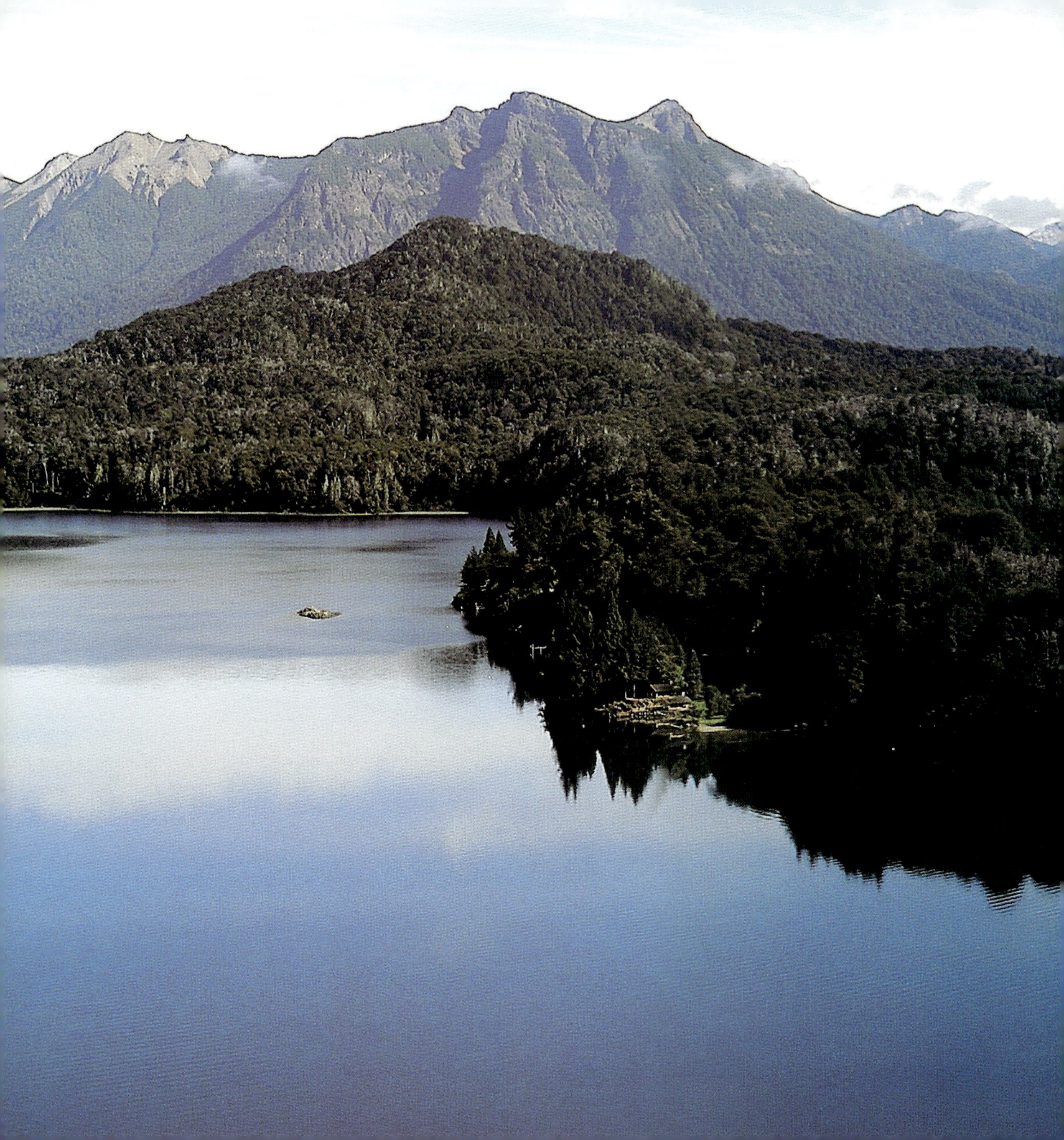

Lago Nahuel Huapi, em Bariloche

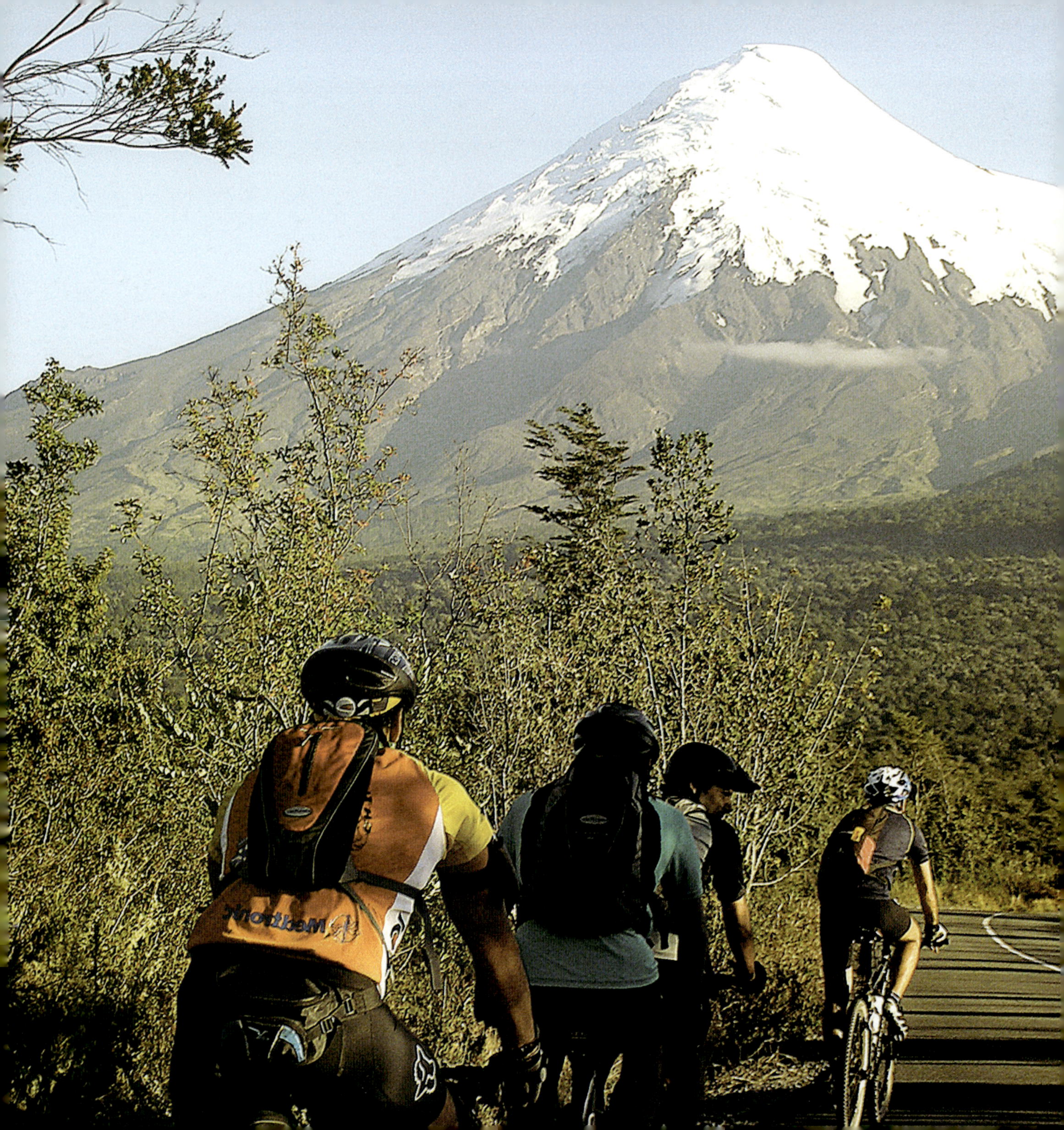

Patagônia

Desde que voltei a pedalar tive muitos ganhos e uma grande perda: 15 kg. Animado, com a autoestima lá em cima, ao retornar do Caminho de Santiago, decidi que longas travessias de bicicleta fariam parte do meu planejamento de vida.

É possível, sim, incorporar atividades saudáveis e mudar nossa atitude diante da vida. Não é fácil, mas, uma vez que os resultados aparecem, a motivação é redobrada. Criei, então, o projeto Travessias, em que me propus a atravessar três cordilheiras de bicicleta: a dos Andes, na América do Sul; a dos Atlas, no Marrocos, e a dos Himalaias, entre o Nepal e o Tibete.

A primeira delas foi a dos Andes. A travessia foi planejada para cruzar a América do Sul, entre o Pacífico e o Atlântico, num percurso de 1.083 km. Um roteiro desenvolvido para ser seguido em aproximadamente 13 dias de pedaladas. Para essa travessia, convenci três amigos a me acompanharem.

Isso não foi muito difícil. Para minha sorte, três médicos: dois cardiologistas – Beto Lorga e Ney Guiger – e um otorrino – João Padovani. Pensei com meus botões: "Puxa, só falta um ortopedista para eu estar completamente assistido".

Ao partir de Puerto Montt, no Chile, cruzaríamos os Andes pelo Passo Cardenal Antonio Samore (1.321 m) em direção a Bariloche, na Argentina. Esse percurso, de aproximadamente 300 km, seria feito 80% em asfalto e o restante por terra. De Bariloche iniciaríamos uma jornada de 800 km, passando por Maquinchao, Gan Gan e Telsen, até Puerto Madryn, já no Atlântico.

Preparando-se para subir as encostas do vulcão Osorno

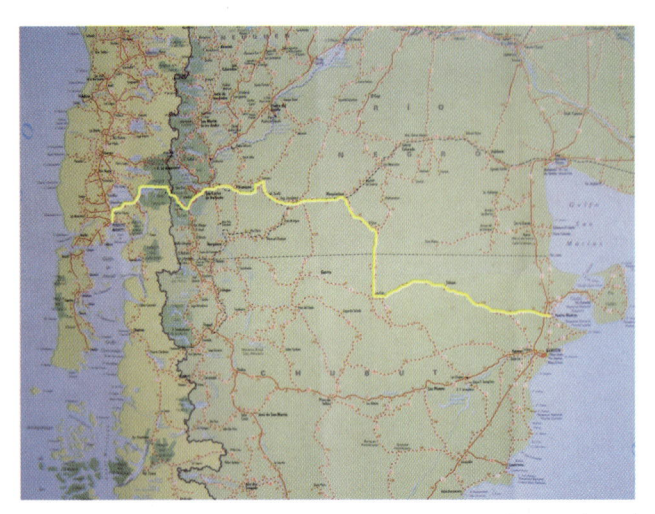

O roteiro da travessia do Pacífico ao Atlântico

À direita: detalhes da travessia

No primeiro dia da jornada, 70 km de asfalto até Ensenada, aos pés do imponente vulcão Osorno. O dia seguinte reservaria uma pedalada curta, apenas 30 km, mas foram os mais íngremes de toda a travessia. Quinze quilômetros pela encosta do Osorno nos levaram de 300 a 1.300 m de altitude. O pesado aclive não permitia mais do que 6 ou 7 km/h de velocidade durante a subida. Em alguns momentos eu "disputava" a subida com alguns mochileiros que iam a pé. Pedras soltas tornavam a pedalada quase impossível em alguns trechos, obrigando-nos a empurrar a bike pelo menos 300 m durante a subida. O esforço foi recompensado com uma magnífica vista do lago aos pés do vulcão e com a vertiginosa descida. Quase três horas para subir e menos de 20 minutos para descer, com o recorde de velocidade da viagem: 76 km/h.

Os dois próximos dias seriam dedicados para atravessar os Andes. No primeiro, um percurso de 115 km para atingir Águas Calientes, ainda no Chile, foi feitos quase inteiramente sob uma forte chuva e temperatura em torno de 12 a 15 graus, que tornaram a pedalada muito difícil. Foram necessárias muita força de vontade e determinação para não deixar o moral cair. Pedalar em duplas e manter conversas constantes ajudaram a enfrentar o mau tempo. Cansados, os últimos 5 km foram pura subida, mas a natureza foi generosa. Com fontes termais que dão nome ao local, Águas Calientes nos recebeu com um banho reconfortante na piscina naturalmente aquecida do hotel.

A manhã seguinte, com o clima melhor, foi marcante, pois cruzaríamos efetivamente os Andes até Vila Angostura, já no lado argentino. Quarenta quilômetros de subida numa estrada com inclinação parecida à da Via Anchieta, que liga Santos a São Paulo, durante a subida da serra do Mar, nos levaram ao ponto mais alto da viagem, literalmente falando. Os Andes estavam vencidos. Psicologicamente foi muito positivo para todos do grupo, embora fisicamente sinais de fadiga já se faziam notar. Até Bariloche o percurso foi marcado pelo tempo instável e pela presença de fortes rajadas de vento, que mudavam repentinamente a temperatura.

O dia da partida de Bariloche foi desanimador. Chuva e ventos fortíssimos nos assombravam. Às margens do lago Nahuel Huapi, podíamos ver bolsões de tempo bom entre duas frentes chuvosas. Em outras palavras, podíamos ver a chuva e o vento chegarem pelo lago, seguidos de uma calmaria, e outra nuvem com chuva num intervalo de 20 minutos. Aproveitamos esse bolsão para sair. Felizmente, após 25 km, quando chegamos ao início da estrada de terra, o mau tempo ficou para trás. Conosco apenas um vento patagônico que nos proporcionaria algumas alegrias e muitas tristezas.

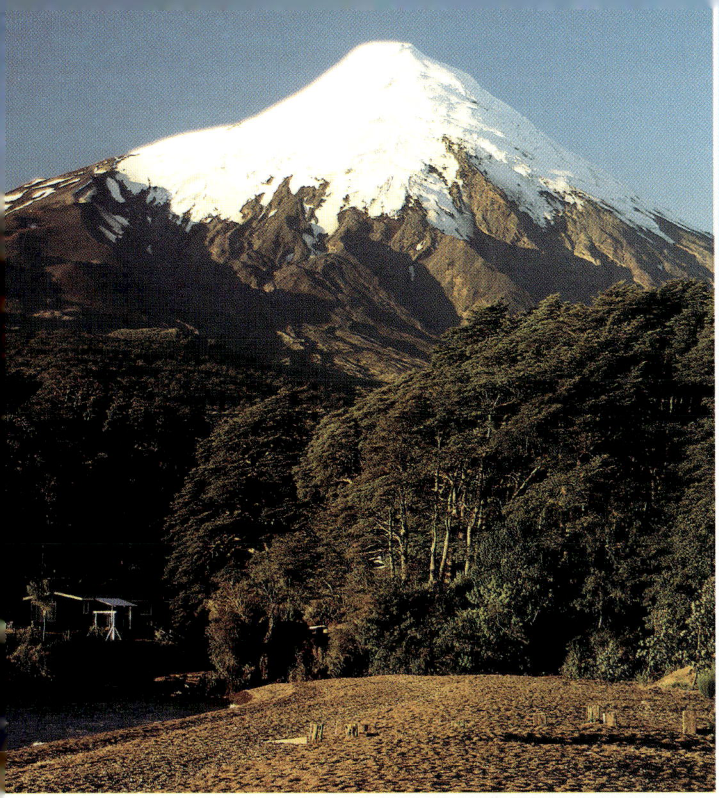

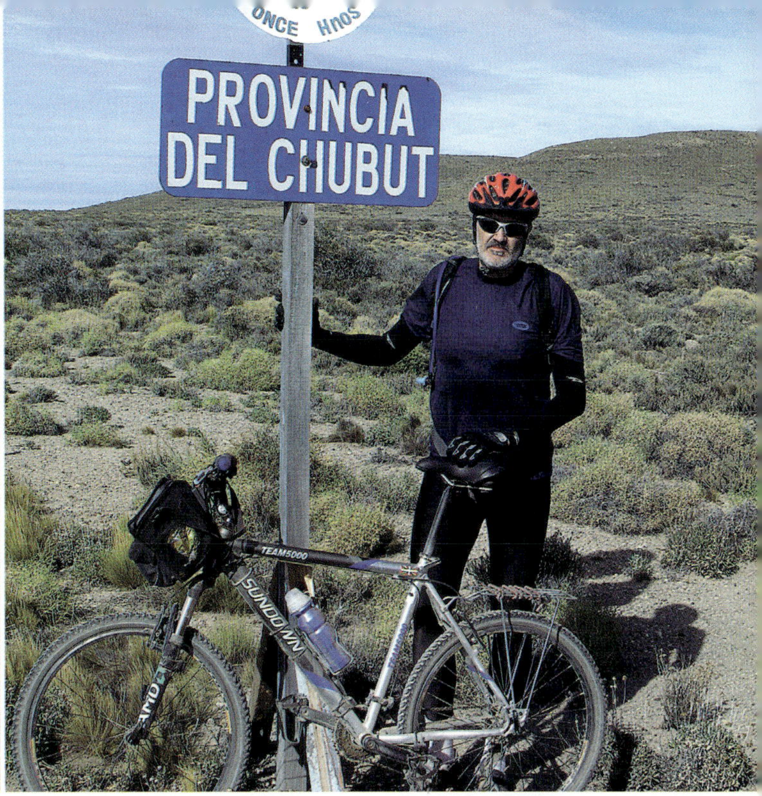
PROVINCIA
DEL CHUBUT

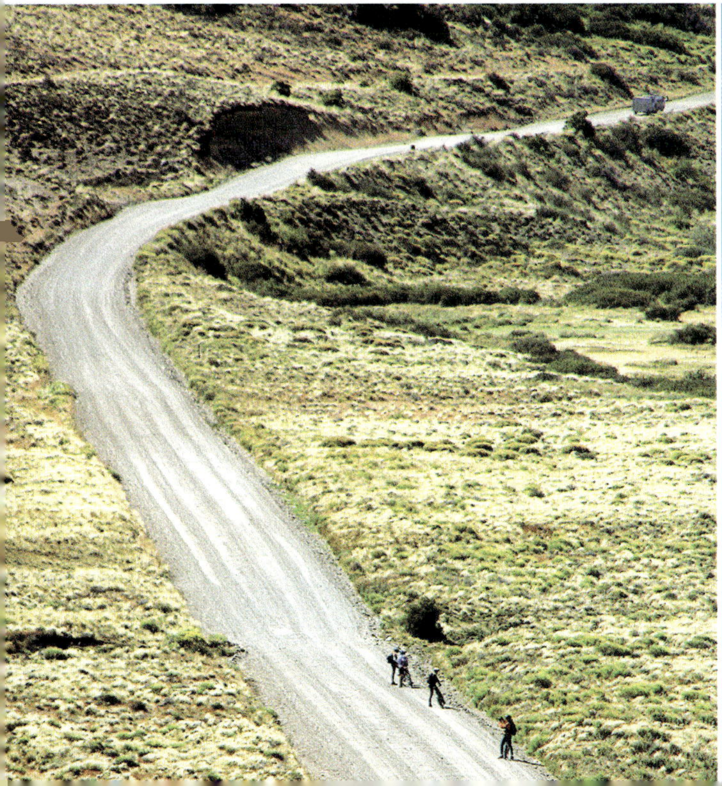

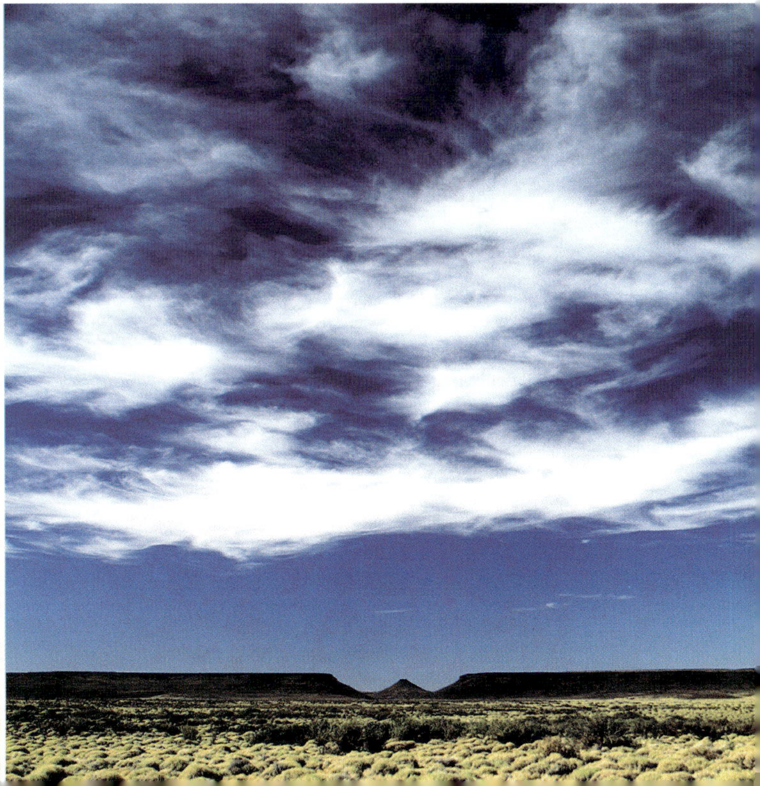

Pássaros marinhos e lobos-do-mar dividem a encosta próxima a Puerto Madryn

Logo no início da terra, o vento soprava tão forte e pelas costas, que pude experimentar a sensação de ser levado pelo vento, morro acima, sem pedalar. Como crianças, brincávamos de veleiros. O corpo era a vela. Ficávamos em pé para aumentar a área exposta e o restante era por conta do vento. Numa ocasião consegui subir 300 m de aclive a 15 km/h, sem pedalar. Tanta alegria terminou na primeira curva, quando o mesmo vento amigo se tornou um temível adversário. Com rajadas que desequilibravam e poeira que dificultava a visão, havia horas em que pedalar era muito perigoso. Mas muitos quilômetros teriam de ser vencidos naquela situação até o local de nosso primeiro acampamento. A montagem das barracas também não foi fácil e, mesmo parcialmente abrigadas do vento por algumas árvores, dormir seria um problema.

Felizmente, lá pelas 10 horas da noite o vento parou. Nos próximos dias a rotina seria alternada entre dormir montando acampamento e em hotéis e albergues das poucas vilas (cinco) que cruzaríamos até nosso destino.

O vento patagônico seria nosso indesejado companheiro por todo o percurso, mas não tão forte como naquele primeiro dia na terra. Contudo, o maior inimigo da viagem acabou vindo não do ar, mas da terra. As costelas-de-vaca, aquelas ondulações transversais das estradas de terra, foram as vilãs. Implacáveis, apareciam de repente, em subidas, descidas e planos. Depois de três dias em cima das costelas, antebraços e tríceps moídos nos faziam sonhar com alguns quilômetros de asfalto que apareceram só 600 km depois.

As noites no acampamento eram por vezes complicadas. O vento batendo na barraca atrapalhava o sono. Cachorros latindo colaboravam com o vento, e em duas vezes que dormimos perto de casas de fazenda, o pontual galo cantando sem parar, das 5 às 6 horas da manhã fechavam a noite mal dormida.

O reflexo na performance do dia era notado já nos primeiros quilômetros de pedalada. Mas, com uma boa e regular alimentação, os corpos cansados davam conta das metas planejadas. Em terra pedalávamos uma média de 100 km por dia, com um máximo de 160 km entre Gan Gan e Telsen.

Pode parecer sofrido, mas o prazer de pedalar por lugares rústicos e desérticos, como a Patagônia, é indescritível. O contato com a natureza

A vida selvagem na Patagônia é um espetáculo para quem se dispõe a atravessá-la. Cavalos selvagens podem surgir do nada

é algo mágico para urbanoides, como eu. Conviver com a vida animal da região foi enriquecedor. Cavalos selvagens galopando próximos do grupo, uma lagoa repleta de flamingos, grupos de guanacos – um primo menor das lhamas – correndo assustados dos "bichos" de duas rodas, coelhos, tatus, falcões, águias e nhandus (uma espécie de ema) formaram nosso zoológico particular. Tudo isso coroado com uma visita que fizemos, depois de chegarmos em Puerto Madryn, à península de Valdez, na qual durante março e abril as orcas transformam em grande lanchonete uma colônia de leões-marinhos. Ousadas, elas atacam os leões na praia e saem inteiramente da água em seus ataques. Um espetáculo cruel, mas inacreditável de se ver.

Ao atingir as areias de Puerto Madryn, a jornada de 1.083 km estava terminada. A sensação não era de vitória, confesso, mas de pesar por ter acabado. Retomar o dia-a-dia, entre quatro paredes, dormir sem ver estrelas, parecia estranho. Mas era preciso, afinal de contas, eu precisava começar a detalhar a próxima e ainda mais desafiadora travessia, o Himalaia, que esperava fazer entre setembro e outubro.

Onde fica: *a Patagônia se estende ao longo da fronteira do Chile e da Argentina.*

AMÉRICA CENTRAL

- Venezuela
- Guiana
- Suriname
- Guiana Francesa
- Colômbia
- Equador
- Peru
- Brasil
- Bolívia
- Chile
- Paraguai
- Argentina
  - Tucumán
  - Mendonza
  - Córdoba
  - Rosário
  - Buenos Aires
  - La Plata
  - Baia Blanca
  - Mar Del Plata
  - Comodoro Rivadávia
- Terra do Fogo

Linha do Equador

Trópico de Cap.

OCEANO PACÍFICO

OCEANO ATLÂNTICO

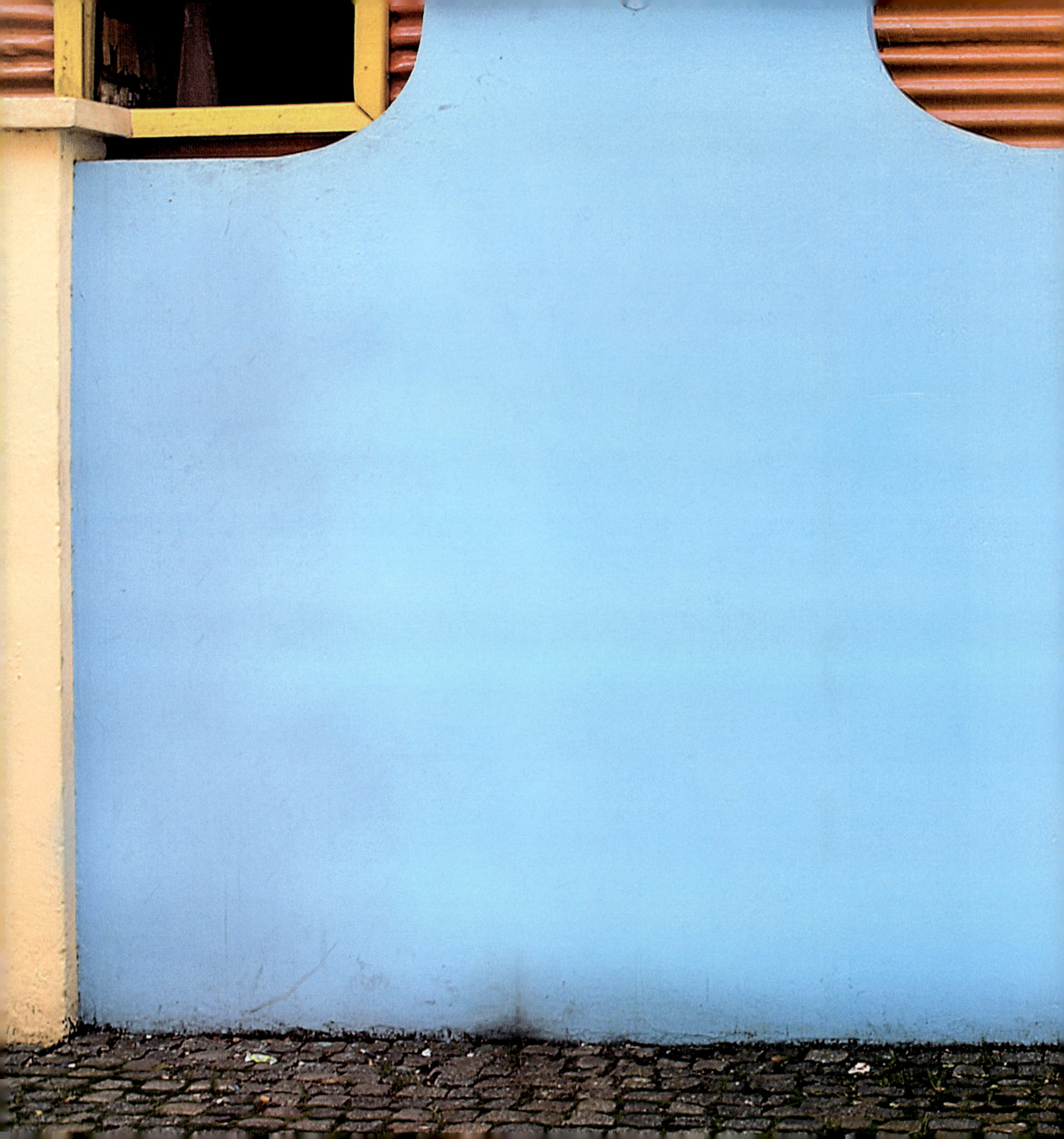

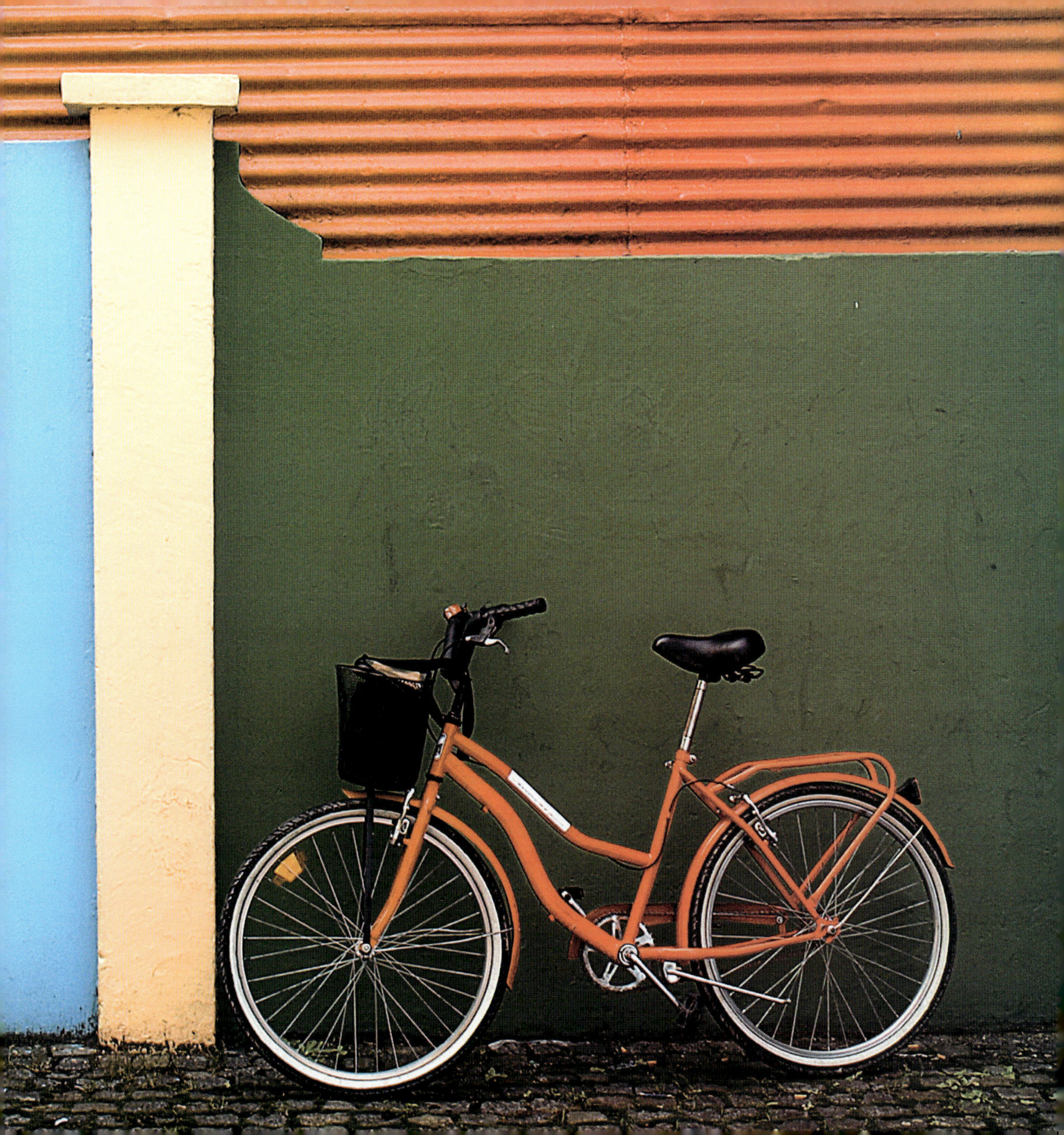

810

Buenos Aires

Aqui vou relatar a única pedalada urbana deste livro. Não é apenas para cruzar lugares desafiadores e inóspitos que uso a bicicleta. Pedalar em cidades também faz parte da vida de uma pessoa que incorpora a bicicleta a seu estilo de vida. Uma experiência muito boa que tive foi pedalar na vizinha Buenos Aires.

A tradicional Buenos Aires, com o seu estilo europeu, vem nos últimos anos abrindo espaço para uma Buenos Aires mais moderna e jovem. A revitalização do antigo porto da cidade deu origem a uma nova área comercial, gastronômica e de lazer que serve de ponto de partida para se conhecer a capital argentina de uma forma diferente: pedalando.

Buenos Aires se percebe de forma diferente sobre uma bicicleta. Com o vento no rosto, pedalar pelos seus bairros torna ainda mais atrativas as ruas dessa cidade que esconde segredos e histórias do turista convencional.

As cores inconfundíveis do bairro da Boca e os grafites de Buenos Aires

Essa é uma maneira inesquecível de conhecer a mais europeia das capitais latinas, segundo seus moradores. Com uma topografia invejavelmente plana, ruas e avenidas largas e arborizadas, a capital portenha é perfeita para quem quer sair da mesmice de um *city-tour* dentro de um ônibus.

Esses passeios, além de relaxantes e divertidos, são sobretudo uma excelente forma de conhecer a cidade de outra perspectiva. Acredite: o mundo visto de uma bicicleta é diferente.

Com esse espírito, resolvi escolher um hotel estrategicamente localizado no bairro de Puerto Madero, um antigo porto revitalizado e que concentra edifícios de negócios com restaurantes e uma área de lazer invejável. Alguns quilômetros de calçadas à margem do porto e que, nos fins de semana, se transformam num verdadeiro parque onde famílias, casais e corredores solitários dividem a bela vista que o porto oferece. O hotel Madero fica na área central da nova área e está a menos de seis quadras de um dos bairros mais charmosos da cidade, San Telmo.

Várias empresas oferecem a possibilidade de se percorrer a cidade num *tour* sobre duas rodas e proporcionam o aluguel de bicicletas, ou então outro *tour* que leva o viajante para o sul da cidade até o emblemático bairro da Boca ou para o norte até o sofisticado bairro de Palermo.

Esses passeios levam em média duas horas e meia, com direito a muitas paradas e uma aula de história da cidade. Ah, você não precisa ter o preparo físico de um ciclista do Tour de France para fazer esses passeios. Aliás, não necessita ter preparo algum, basta saber andar de bike.

Escolhi fazer os dois passeios oferecidos por uma empresa situada no bairro de San Telmo por um único motivo: lá é um lugar especial para o começo desses passeios. Aos domingos, suas ruas se transformam. Ancoradas pelas lojas de antiguidades do bairro, carros e ônibus dão espaço para artistas, camelôs e trupes de saltimbancos que enchem as ruas de cores e sons. Entre um casal dançando tango e um grupo de malabaristas, é possível encontrar de tudo nas barracas e lojas desse bairro. Suas casas antigas, de tetos altos, aportam o ar do tango que fez esse bairro famoso em seu passado. Depois de algumas horas passeando pelo labirinto de San Telmo, era hora de subir na magrela e partir para o passeio pela zona sul da cidade, em direção ao bairro da Boca. Em 15 minutos de pedalada já se avista o imenso

O tango dançado nas ruas do bairro de San Telmo, nas manhãs de domingo

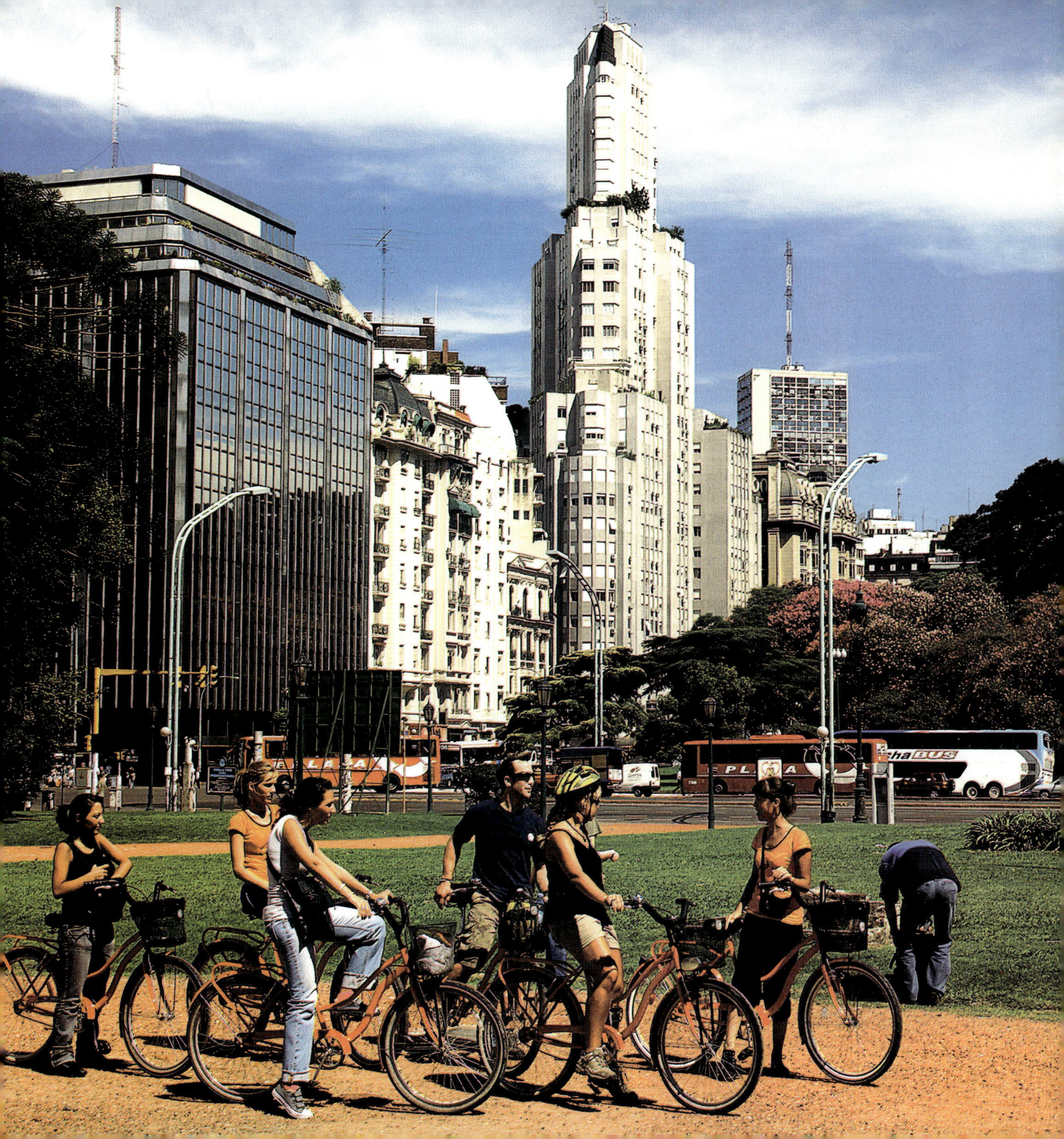

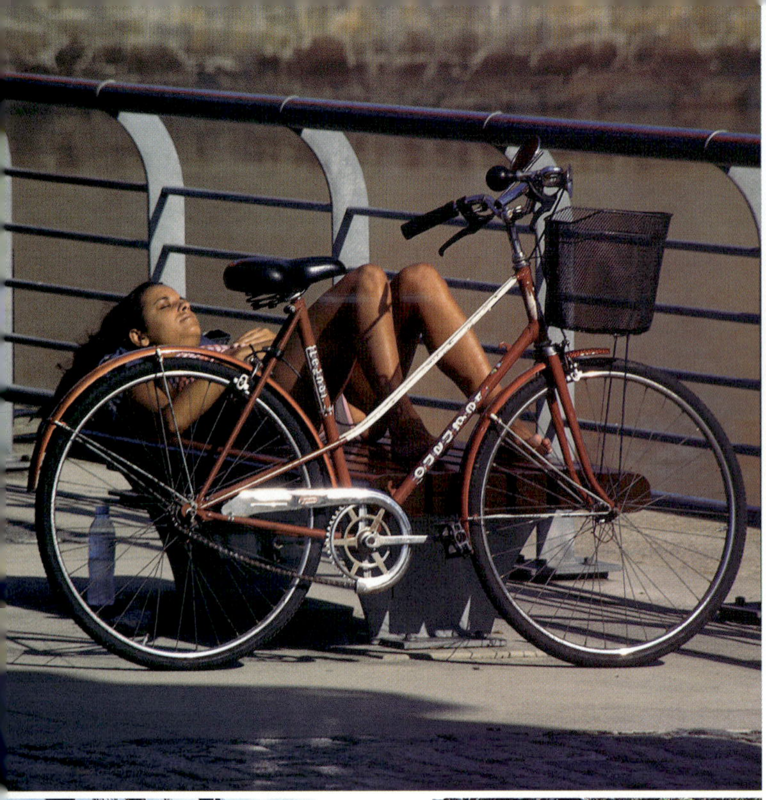
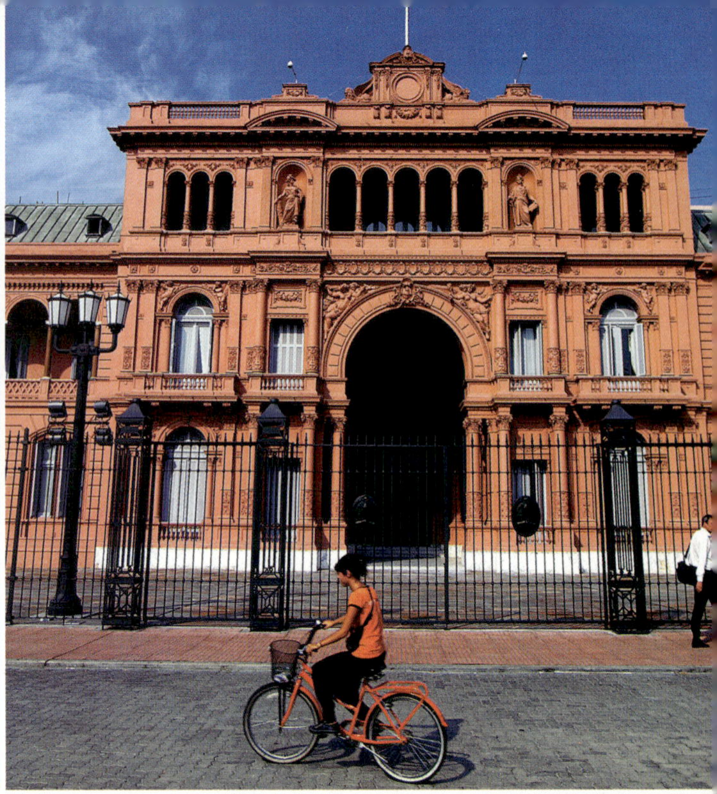
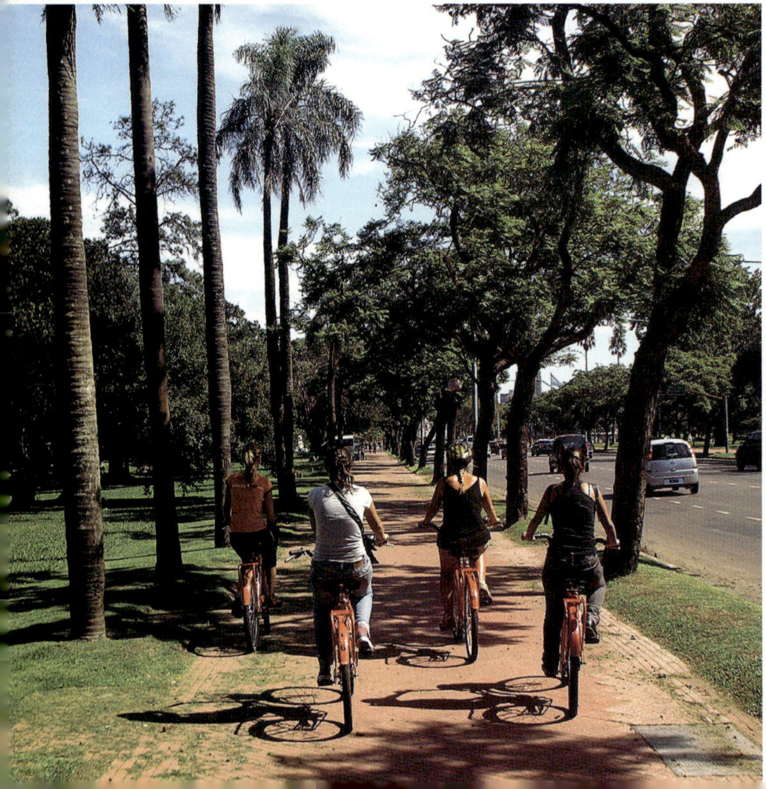
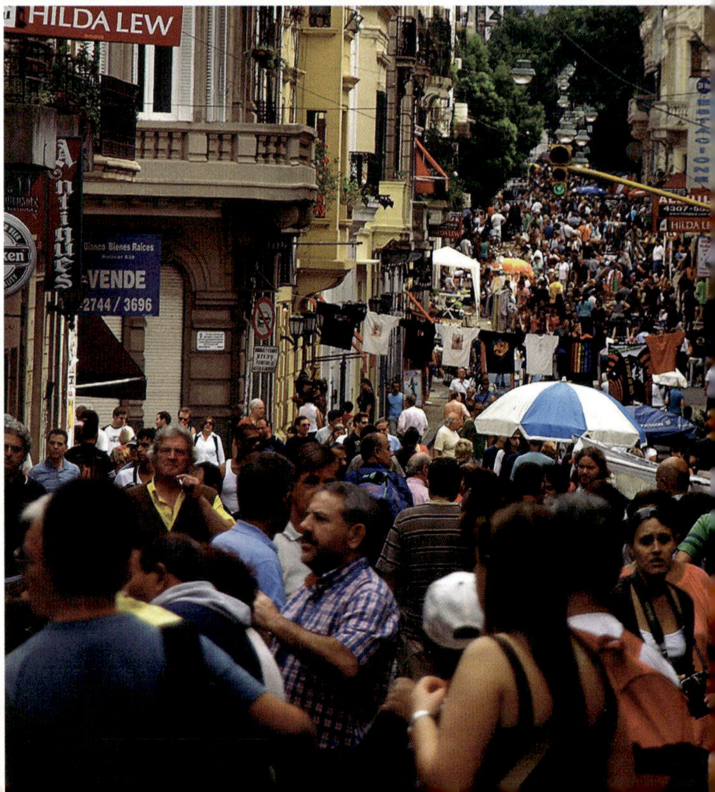
HILDA LEW
Antiques
VENDE
2744 / 3696

estádio de futebol do Boca Juniors, conhecido como La Bombonera, e que nos dá boas-vindas ao bairro de lata. A Boca é vermelha, azul e amarela. As cores fortes vêm do início do século XX, quando os imigrantes italianos decidiram pintar as casas feitas de lata com as tintas que sobravam das pinturas dos navios.

Na passagem pela mais famosa rua do bairro, Caminito, há casais dançando tango, estátuas vivas e um clima festivo. A próxima parada foi surpreendente. O parque ecológico da cidade, uma área de preservação que, no passado, foi um balneário. Pássaros parecem nos acompanhar durante o percurso que margeia o rio da Prata.

De lá partimos para o Puerto Madero, que, reciclado, ganha o glamour de bairros como La Recoleta e Palermo, na zona norte da cidade.

Percorremos cafés, edifícios comerciais e restaurantes até o Yatch Club. Uma parada para descanso sobre a ponte que une os dois lados do porto foi providencial para algumas fotos.

Depois de quase duas agradáveis horas de pedaladas, chegamos à Praça de Maio, com sua famosa Casa Rosada, sede do governo, e a catedral. De lá seguimos para San Telmo e encerramos o passeio pela zona sul.

Enquanto o passeio do sul nos leva a uma Buenos Aires rústica e emocional, na qual se pedala pela alma do tango e pelas duras histórias de seus imigrantes, a rota norte nos leva aos glamourosos bairros de Palermo e Recoleta.

É, sem dúvida, o passeio mais agradável que percorre seus parques, palacetes de estilo francês e se conhece a história de personagens importantes da Argentina. Do monumento a Evita Perón ao curioso cemitério da Recoleta, passando pelas embaixadas de vários países nas sofisticadas e arborizadas ruas de Palermo, descobri, pedalando, a cara europeia de Buenos Aires.

Buenos Aires de bike nos dá a possibilidade de pedalar pelas letras de alguns tangos que fizeram história. Talvez o endereço mais famoso seja o número 348 da avenida Corrientes. O domicílio aparece no primeiro verso do tango de 1925 *A media luz*, de Edgardo Donato e Carlos César Lenzi: "Corrientes três cuatro ocho, / segundo piso, ascensor. / No hay porteros ni vecinos, / adentro, cocktail y amor...".

*Detalhes da
metrópole portenha*

*Pedalando ao longo
de Puerto Madero*

A primeira estrofe de *A media luz* agora só existe na história do tango, mas Caminito ainda vive. No bairro da Boca, não tem mais que uma centena de metros de extensão a rua Caminito. É tão pequena quanto particular. Em suas origens era um ramal ferroviário abandonado que foi usado como um atalho para se chegar ao porto. O pequeno caminho se transformou em Caminito, pelo qual passava diariamente Juan de Dios, que escreveu o tango que leva seu nome.

Confesso que, em alguns momentos da pedalada, não pude deixar de embalar minhas pedaladas pela melodia do tango *Por uma cabeça*, de Carlos Gardel. A letra da música fala de um apostador compulsivo por corridas de cavalo.

"Perdendo por uma cabeça de um nobre potrinho que afrouxa na raia quando está perto de chegar, e que ao regressar parece dizer, não esqueças, irmão, tu não deves apostar."

A letra não estimula a aposta, mas contrariando-a, posso apostar que em Buenos Aires, em cima de uma bicicleta, você vai se sentir Al Pacino no filme *Perfume de mulher*, conduzindo uma dama por uma pista de sensações.

Onde fica: *Buenos Aires, segundo seus moradores, é a capital europeia mais ao sul do planeta.*

AMÉRICA CENTRAL
Venezuela
Guiana
Suriname
Guiana Francesa
Colômbia
Equador
Linha do Equador
Peru
Brasil
Bolívia
Paraguai
Chile
OCEANO PACÍFICO
Trópico de Capricórnio
OCEANO ATLÂNTICO
Buenos Aires
Uruguai
Argentina

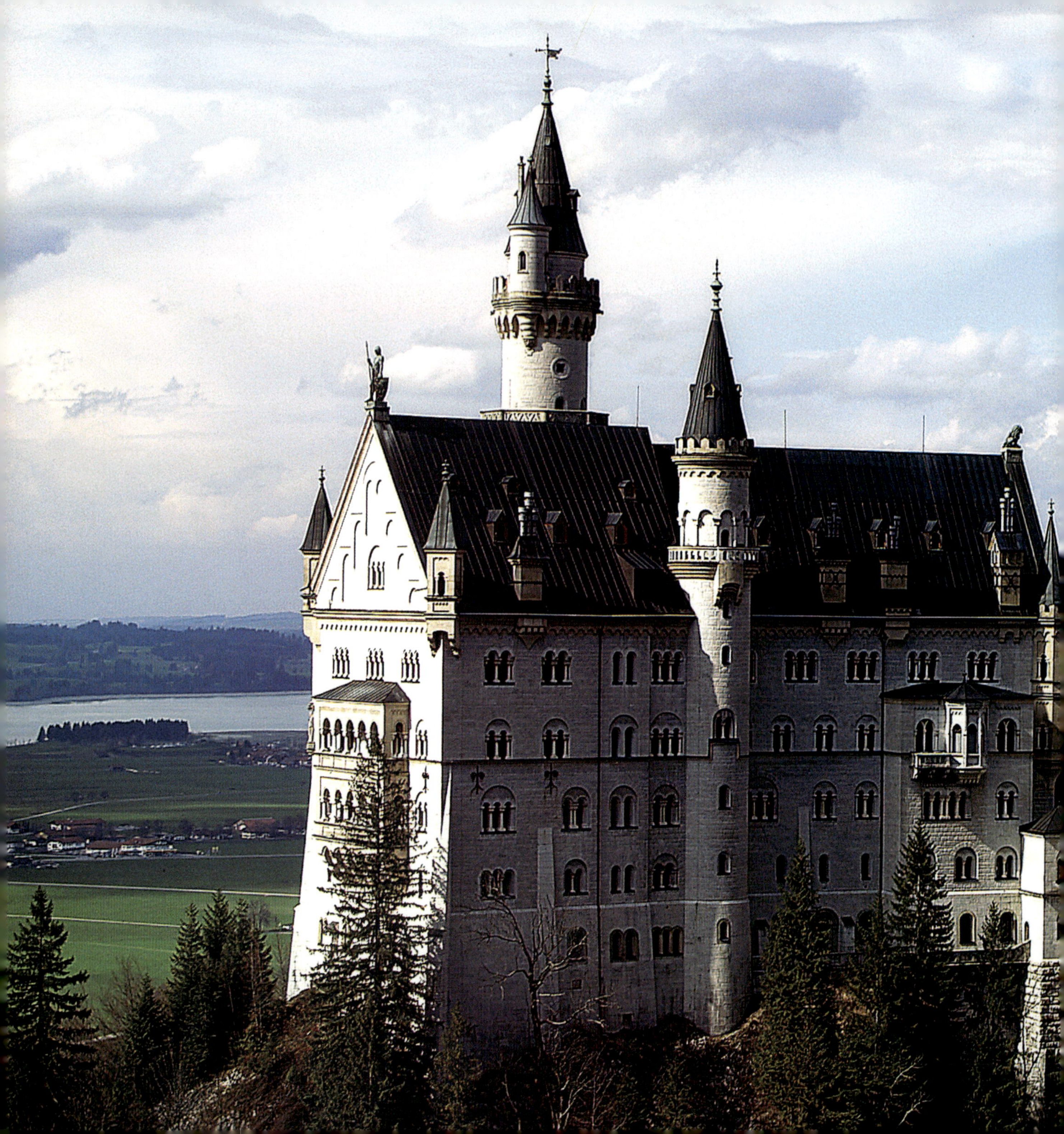

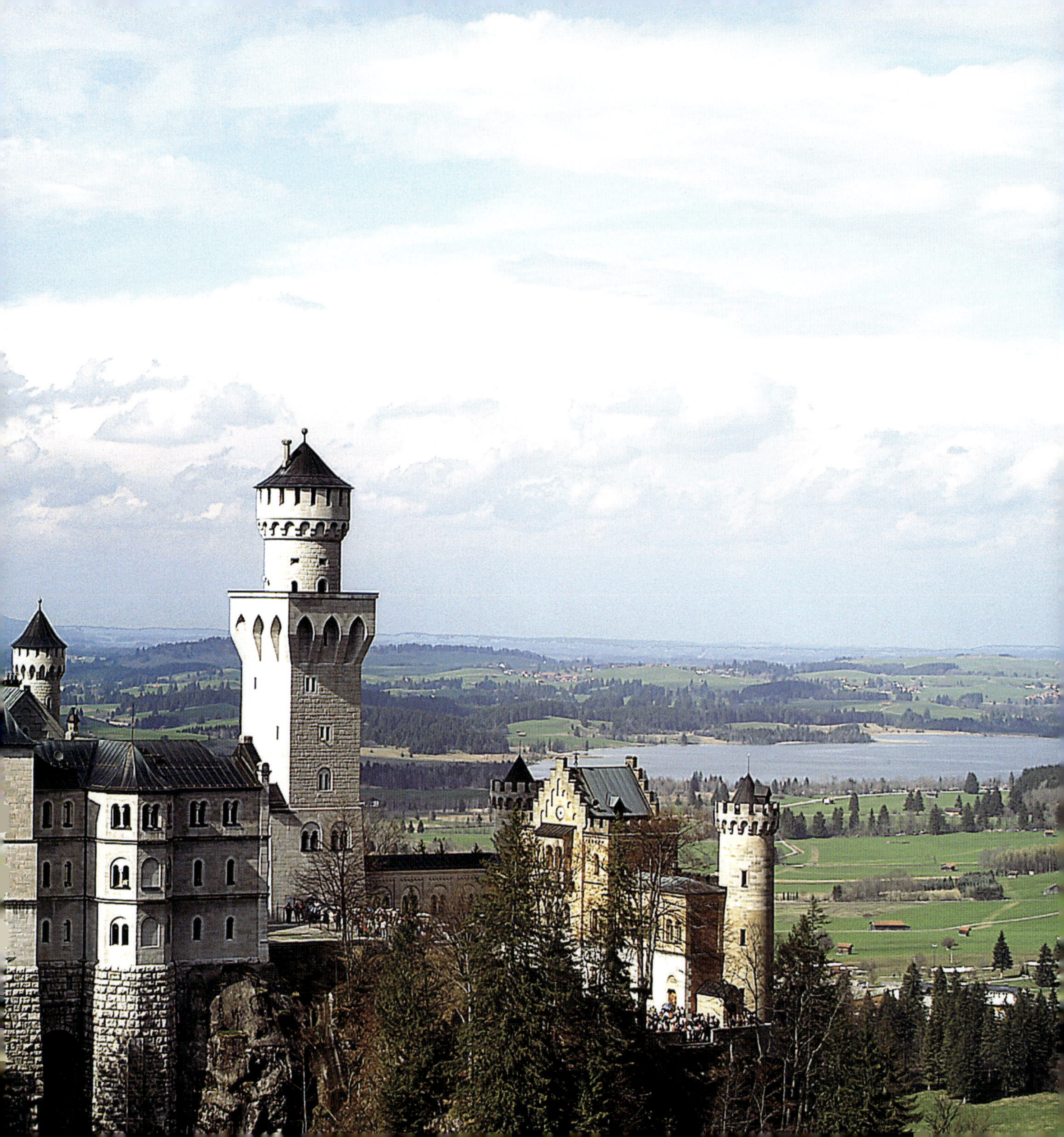

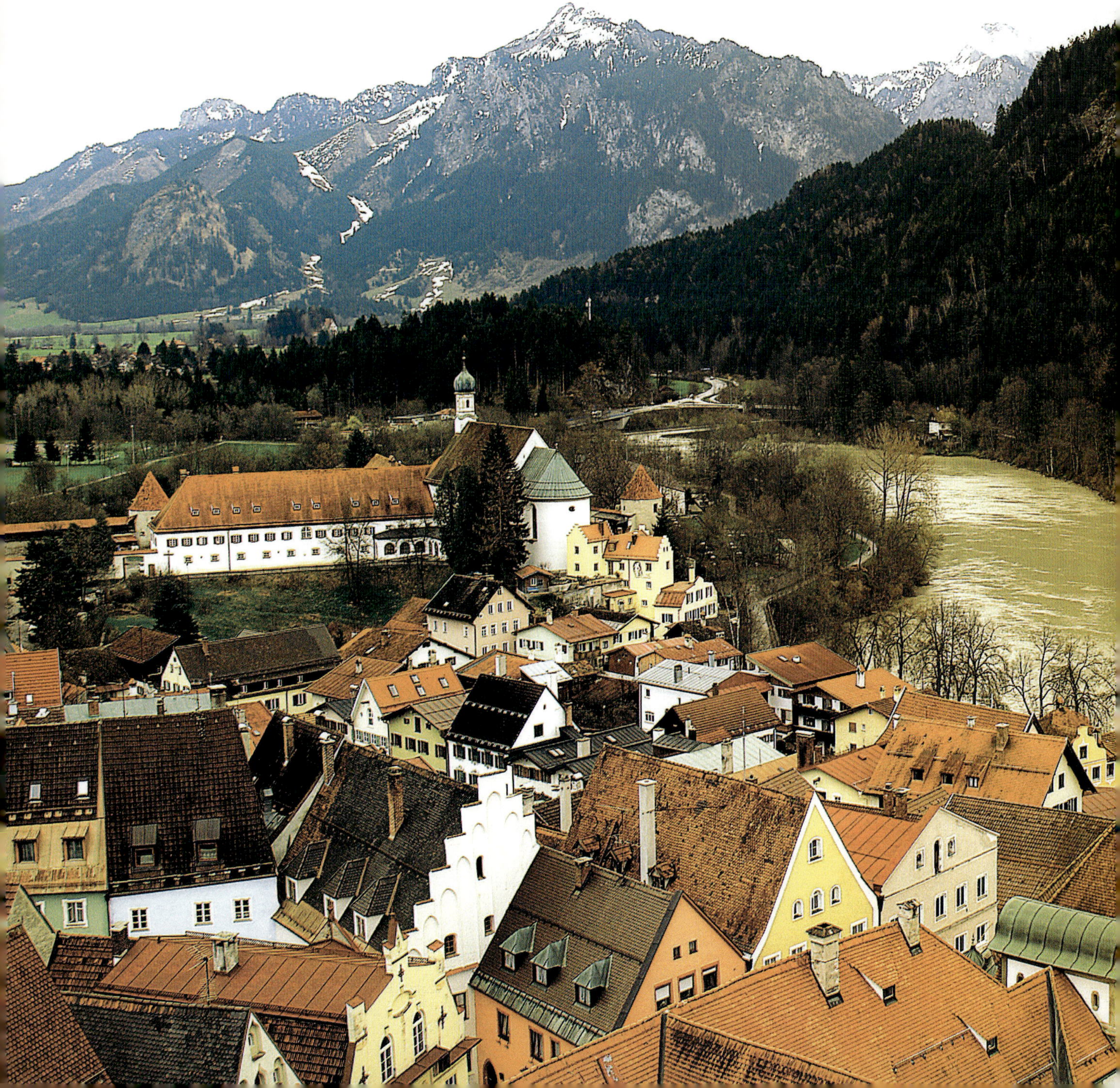

Alemanha

A Rota Romântica trata-se de 27 cidades que se ligam ao longo de 360 km e surgiu a partir de uma antiga rota comercial romana chamada Via Claudia Augusta. Uma verdadeira janela do tempo que nos coloca diante de 2.000 anos de história que podem ser vividos por meio da arquitetura, e de paisagens magníficas que alternam vales com terras cultivadas, rios serenos e florestas que escondem pequenas vilas e grandes castelos, boa parte dos quais intocados ao longo dos séculos.

Pedalar pelas ciclovias alemãs é uma experiência que todos aqueles que sabem andar de bicicleta deveriam experimentar pelo menos uma vez na vida. Mágica, a rota é um bom motivo para aqueles que ainda não viajam de bike iniciar essa verdadeira dependência, boa, que causa a bicicleta.

O castelo de Neuschwanstein, obra do Rei Ludwig II, e vista aérea da cidade de Schwangau

Depois de pedalar 1.000 km pelo Caminho de Santiago, resolvi fazer uma viagem que qualquer ciclista de fim de semana também está apto a fazer. A rota não poderia ser mais indicada: a *Romantische Strasse*, ou Rota Romântica. Ela se estende do sul da Alemanha, de Füssen aos pés dos Alpes, até Würzburg, mais ao norte, a 360 km.

A rota oferece todos os atrativos possíveis para o ciclista. A começar pela natureza, bela e generosa, praticamente sem subidas. A quase totalidade do percurso é plana, em asfalto, e muito bem sinalizada. As ciclovias na Alemanha são estradas só para bicicletas e não apenas uma faixa de meio metro da estrada principal separada por uma linha amarela. Com pista exclusiva, o ciclista é de imediato beneficiado. Os carros trafegam de um lado, enquanto o ciclista quase sempre fica com o melhor da paisagem, já que pode pedalar ao lado de rios, lagos e lindas vilas, muitas com poucas centenas de habitantes, que via de regra são simpáticos e acolhedores.

Ah, se o leitor está pensando no trabalho que vai ter em levar sua bicicleta para outro país, pode parar. Alugar bicicletas é muito fácil, e muitas empresas se encarregam disso. As bicicletas alugadas são do tipo *touring*, confortáveis, com alforges (bolsas laterais para levar bagagem) e até campainha. O mais atraente para o ciclista que quer se beneficiar das vantagens de pedalar e não abrir mão de conforto é a infraestrutura oferecida ao longo do trajeto.

A rota é servida pelo Europe Bus, que, assim como os trens alemães, sai pontualmente de Würzburg e Munique todos os dias às 8h15 da manhã. Os ônibus param em todas cidades do trajeto (veja mapa) em horários precisos. Eles operam entre 1º de abril e 31 de outubro. Os bilhetes mais caros custam cerca de 95 euros, valem por seis meses e podem ser comprados até pela internet no site www.romanticroadcoach.de. Esses ônibus possuem um bagageiro especial que transporta até oito bicicletas. Dessa forma você pode se programar e pedalar um trecho e, quando as pernas ou o bumbum estiverem dando lembranças, coloca-se a bicicleta no ônibus e segue-se adiante.

Seduzido por tantas vantagens, resolvi experimentar a estrada romântica. Ao pesquisar o site www.romantischestrasse.de/?lang=uk, decidi fazer o trecho entre Füssen e Donauwörth. Partir de Füssen apresenta uma sutil vantagem: apesar de plano, o terreno tem mais descidas nesse sentido. Bicicleta alugada pela internet, tomei o voo para Munique.

O trem levou-me do aeroporto a Hauptbahnhof, ou estação principal, onde a poucos metros encontrava-se o Europe Bus que me levaria a Füssen.

No alto: ciclovia entre o castelo de Neuschwanstein e Schwangau. Acima: centro da cidade de Schwangau

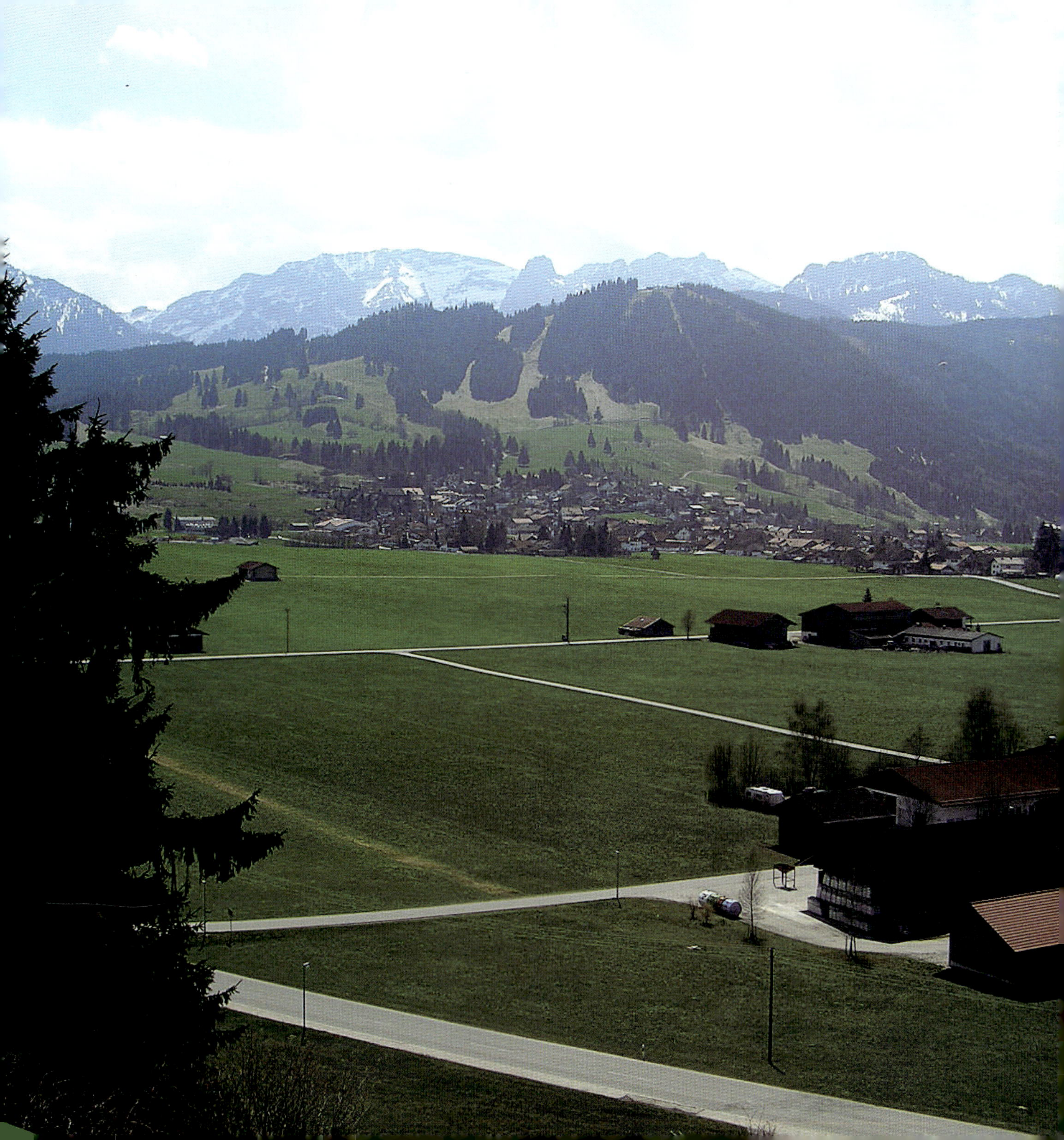

Com os Alpes ao fundo, o cenário do início do percurso se torna um cartão-postal a cada nova pedalada

Um dia de passeios por Munique e, na manhã seguinte, parti para Füssen. Quem desejar muito conforto pode se hospedar em hotéis de luxo, que incluem até mesmo castelos, ou em confortáveis albergues e casas de família. Tudo pode ser arranjado de antemão pelo site.

Uma visita ao escritório de turismo da cidade é passagem obrigatória. Lá se pode obter mais informações e até mesmo comprar um guia de viagem para quem está de bicicleta. Detalhadíssimo, há mapas que tornam quase impossível se perder. Mas mesmo que isso aconteça, você terá pelo menos conhecido algum outro lugar encantador.

Ao se programar para pedalar de 30 a 50 km por dia, o ciclista poderá ir num ritmo tranquilo como aquele das pedaladas de domingo no parque, sem brincadeira! Embora seja difícil afastar-se mais do que 10 km de alguma vila ou cidade, a prudência sempre é recomendável. Durante o verão europeu, o clima é agradável, mas é sempre bom levar uma roupa para chuva ou frio. Uma câmara de reserva, uma bomba de encher pneus e algumas ferramentas básicas são essenciais para todo ciclista, pois em um percurso longo não é impossível um pneu furar.

O roteiro que fiz pela Rota Romântica foi percorrido em cinco dias num ritmo muito tranquilo, que me permitiu explorar cada quilômetro do trajeto.

Ao partir de Munique, tomei o Europe Bus rumo a Füssen. Chegando lá, fui até a loja Radsport Zacherl, onde as bicicletas haviam sido alugadas. Nessa viagem fui com um amigo, Eduardo Sorrentino, que se encarregou de filmá-la.

Nesse dia fizemos uma visita à cidade e ao castelo de Neuschwanstein. O Schloss Neuschwanstein foi construído na segunda metade do século XIX, próximo à cidade de Füssen, nos limites da fronteira com a Áustria. Foi edificado por Ludwig II ou Luís II da Baviera e inspirado na obra de seu protegido, o compositor Richard Wagner. A arquitetura do castelo é tão singular que foi inspiração para o "castelo da Cinderela" construído no parque temático da Disney em Orlando.

No segundo dia, iniciamos a pedalada com destino a Peiting, que ficava a 45 km de distância. Ao deixar os Alpes para trás, iniciamos a pedalada por uma planície verdejante que nos acompanharia por todo o percurso. Esse foi meu primeiro contato com uma ciclovia – uma estrada só para bicicletas que, na maioria das vezes, fica distante da estrada de carros. Embora em alguns pontos possa até se mesclar a ela, as bicicletas possuem faixa própria para rodagem.

Ao longo da ciclovia você encontra distâncias específicas para a bicicleta. No terceiro dia partimos para Landsberg Am Lech, distante 35 km. Nessa cidade, que se localiza às margens do rio Lech, pudemos descobrir que foi criada a primeira motocicleta em 1893.

No rio Lech há um desnível que recai na região central da cidade. Por essa razão construiu-se uma eclusa a fim de permitir a navegação e reves-tiram o desnível com madeira.

Em Landberg, cidade com não mais que 15 mil habitantes, encontrei uma loja de bicicletas absolutamente incrível. Tudo que imaginar que um ciclista possa usar e muito mais que nem faz ideia você vai encontrar lá. A loja é do tamanho de um supermercado médio e tem ao menos umas 300 bicicletas novas para venda. A numeração das casas também chamou minha atenção, com números fracionados. Por exemplo, 308 1/3.

O quarto dia de viagem me levou a Augsburg, distante 55 km de Landberg. Essa foi a maior cidade que visitei. Uma verdadeira aula de história com muitos vestígios romanos. O último dia de pedalada terminaria 50 km depois, em Donauwörth. Nessa cidade deixamos as bicicletas e, depois de um pernoite, retornamos de trem para Munique. Foi um verdadeiro passeio de bicicleta com um grau de dificuldade muito baixo.

Se perguntar a um alemão qual o seu meio de transporte preferido você vai ouvir, quase por unanimidade, uma lista que começa com

A bonita cidade de Landberg Am Lech com sua cascata artificial

Acima, praça de Augsburg e detalhe de ciclovia

andar a pé, pedalar, usar o trem, o carro e por último o avião. De todos os meios, a bicicleta é a que, na minha opinião, oferece mais vantagens. Primeiro, vai te deixar em boa forma, de graça. Depois, vai permitir uma visão diferente do mundo, num tempo especial e que é só seu. Ela é intimista. Você vai a lugares que não iria se estivesse a pé ou de carro.

Quem chega de bicicleta a um lugar nunca é visto como ameaça, ao contrário, é recebido com muita simpatia. Presenciar a festa de primeira comunhão numa pequena vila, entrar num castelo medieval, descansar debaixo de uma árvore à beira de um rio, comer maçãs diretamente do pé, conversar com muitas pessoas e viver 2 mil anos de história ocuparam boa parte da minha bagagem na volta para o Brasil.

Onde fica: *a Alemanha fica na Europa Central e divide com a França, a Holanda e a Áustria as melhores ciclovias do planeta.*

Mapa da Europa

- Oceano Atlântico
- África
- Ásia
- Portugal
- Espanha
- França
- Irlanda
- Reino Unido
- Noruega
- Suécia
- Dinamarca
- Finlândia
- Estônia
- Letônia
- Lituânia
- Polônia
- **Alemanha** (Hamburgo, Berlim, Colônia, Frankfurt, Munique)
- República Tcheca
- Eslováquia
- Suíça
- Eslovênia
- Croácia
- Bósnia-Herzegovina
- Hungria
- Sérvia
- Montenegro
- Kosovo
- Macedônia
- Albânia
- Romênia
- Bulgária
- Grécia
- Itália

Vista da Cidade do Cabo, a partir da Table Mountain

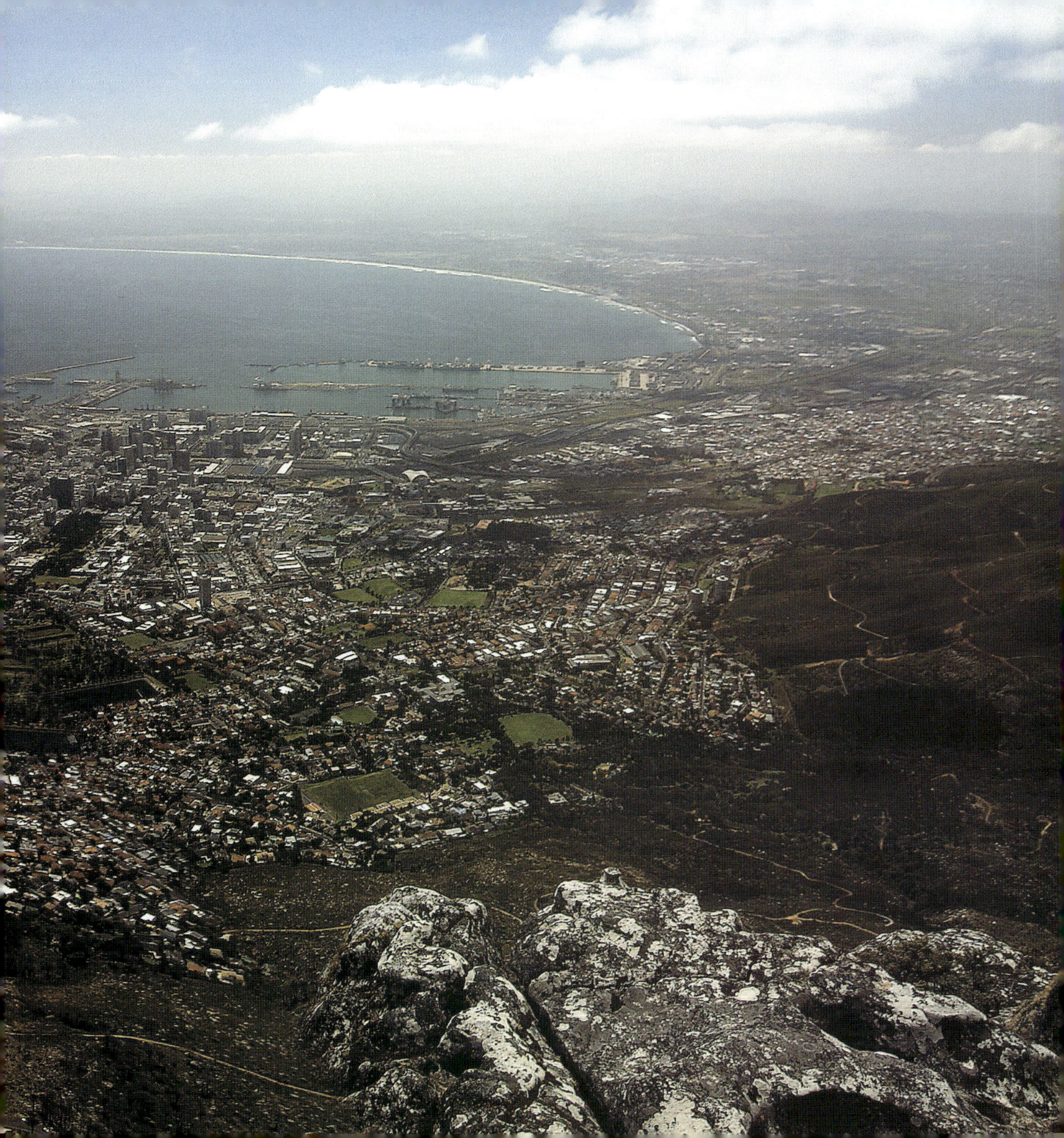

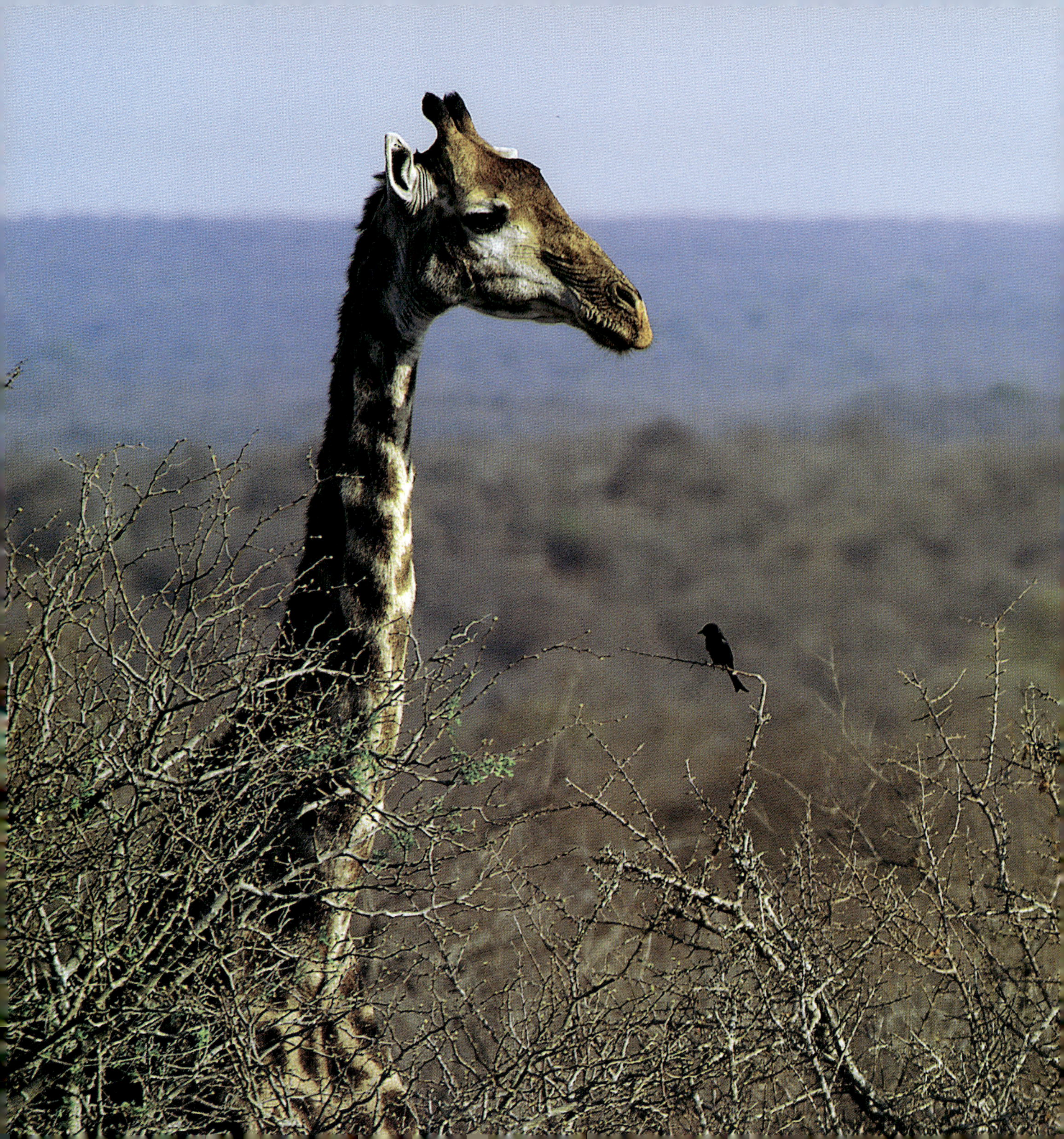

África do Sul

Visitar a África do Sul é uma experiência fascinante. É um país que oferece muitas opções ao turista. Sua grande extensão territorial propicia diferentes cenários ao viajante, como montanhas, praias, savanas e desertos. Cidades modernas, ligadas por rodovias amplas e bem cuidadas, facilitam a locomoção pelo país.

É quase impossível pensar nesse país sem que se lembre de algum programa da National Geographic mostrando a vida animal nas savanas. A África do Sul possui diversos parques e reservas animais mantidos pelo Estado, além de empresas privadas que permitem ao turista ter o seu dia de aventureiro. As reservas são chamadas de "game reserve", em que o "game" ou jogo se refere ao fato de você ter que jogar ou brincar para achar os animais.

O parque Kruger é a mais antiga reserva de animais da África do Sul e uma das mais conhecidas do mundo.

Resolvi conhecer o Kruger partindo de Johanesburgo de carro. A viagem até a porta principal leva cerca de cinco horas. Mas a jornada é compensada principalmente se você fizer um pequeno desvio por uma rota secundária para conhecer um lugar chamado God's Window, que lembra de alguma forma as chapadas brasileiras.

O Kruger possui 350 km de extensão e 60 km de largura. Entrei no parque pela entrada Paul Kruger na parte sudeste. A partir dali há mais 150 km até o alojamento chamado Olifants (elefantes). Ao escolher esse acampamento mais ao norte, teria a chance de andar pelo parque e ter a

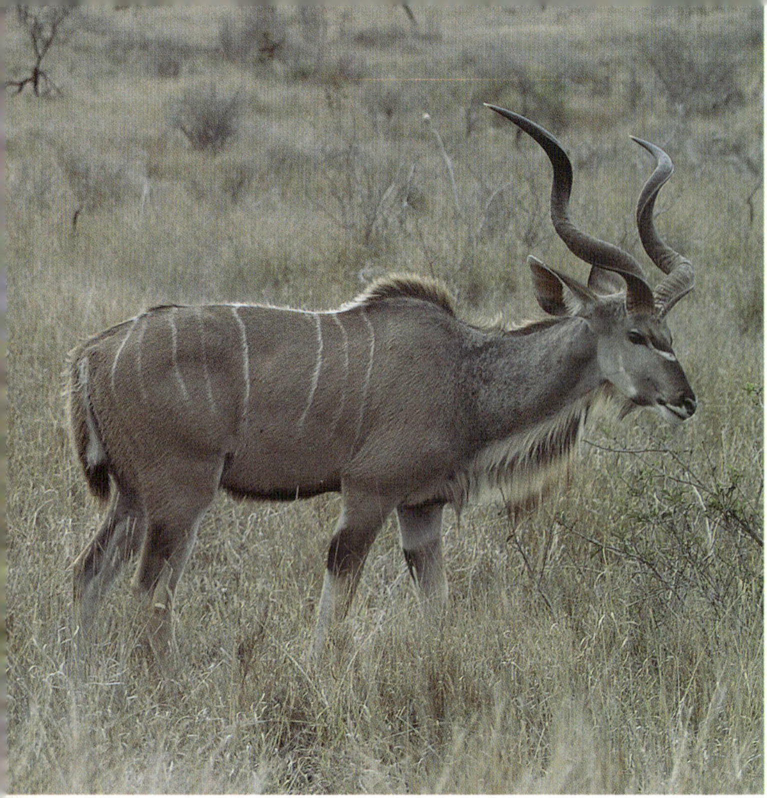
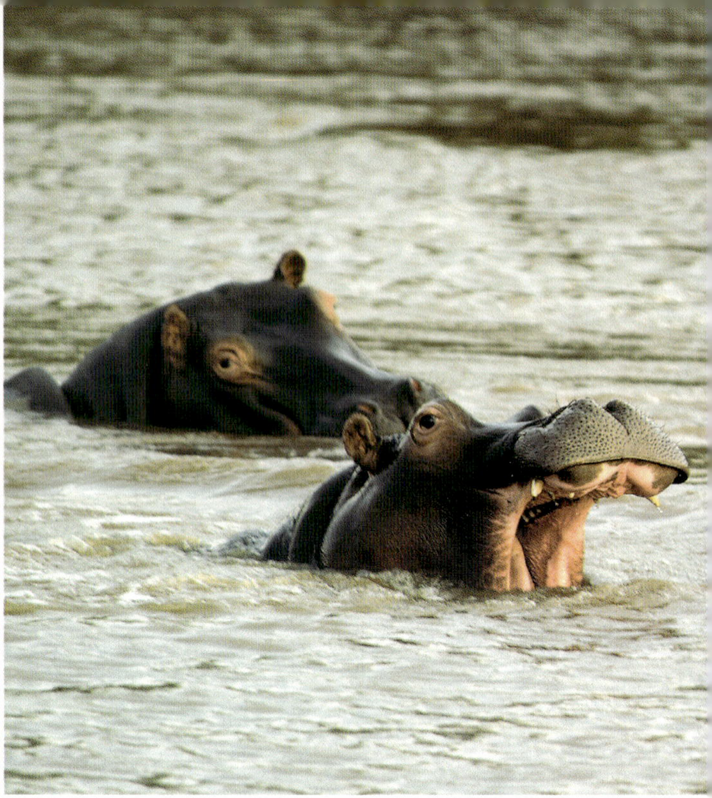
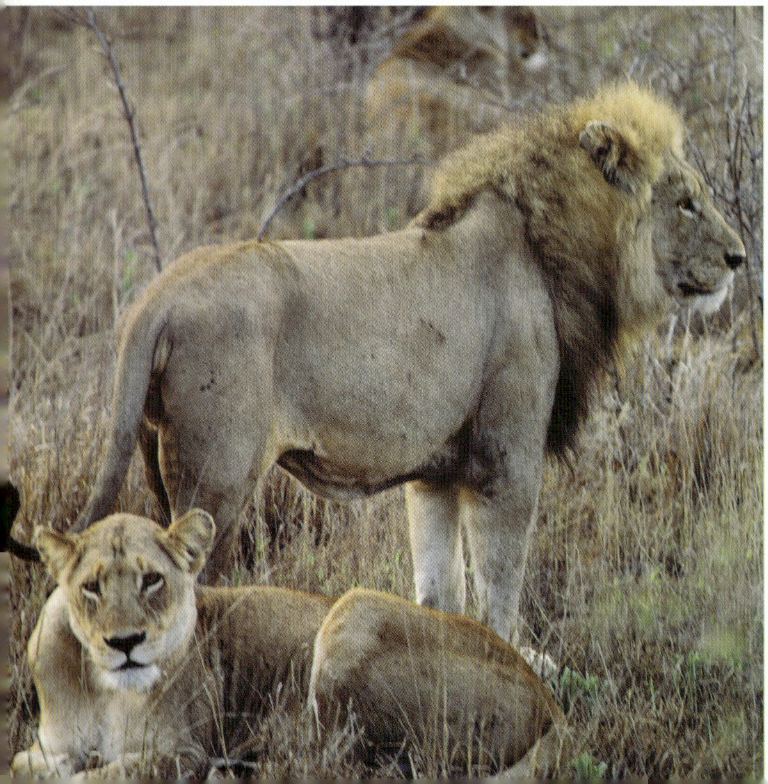
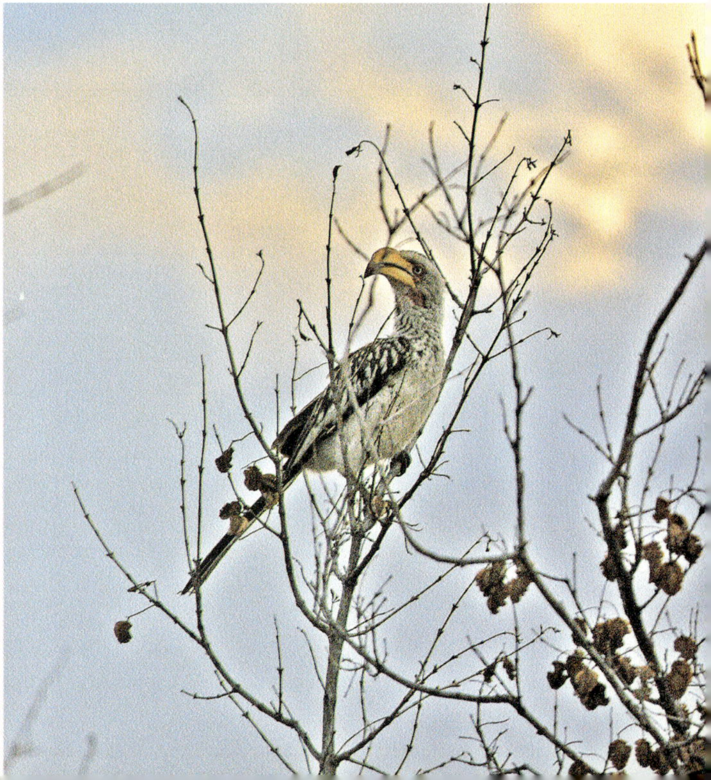

oportunidade de ver mais animais durante o trajeto. A opção foi acertada. Zebras, impalas, búfalos, kudus, girafas e até mesmo uma família de hienas, com dois bebês, puderam ser avistados.

O acampamento Olifants foi escolhido por uma única razão: é o único que permite um safári de bicicleta. Isso mesmo, poder pedalar, com dois *rangers*, num percurso de 15 km ao longo do rio.

A vida num acampamento é rotineira. Os safáris acontecem um pouco antes do amanhecer e do pôr-do-sol. A razão disso é que a maioria dos animais tem suas atividades no período da noite. Cada safári é uma loteria. Embora exista um padrão de comportamento dos animais, você precisa contar com alguma sorte para encontrá-los.

Recomendo pelo menos três dias num acampamento para que você tenha boas chances de encontrar os famosos "big five": leão, rinoceronte, búfalo, elefante e leopardo. Este último, é o mais difícil, pois tem hábitos noturnos e durante o dia vive deitado em alguma árvore.

Fiquei nesse acampamento duas noites e três dias. Cheguei ao anoitecer depois de um longo dia de viagem vindo de Johannesburgo. Marquei o primeiro safári para a madrugada do dia seguinte.

A experiência de estar num jipe aberto e encontrar esses animais é emocionante. No primeiro safári que fiz, às 5 horas da manhã, pude ver uma cena daqueles documentários de TV.

Uma leoa devorava sob uma árvore o que restava de uma zebra, apanhada durante a noite. No alto das árvores, alguns abutres aguardavam a sua vez para se alimentarem com as sobras. De repente, três leoas ficaram alertas. Começaram a farejar o ar e montar um círculo em volta da caça. O motivo surgiu em instantes: duas hienas, inimigas mortais dos leões, aproximavam-se para tentar roubar os restos da zebra. Tudo isso passando diante de mim, a menos de 20 m de distância. Os acampamentos são cercados para evitar a entrada de algum convidado indesejado, mas é sempre bom ouvir os conselhos dos *rangers*.

Alojamento

Os alojamentos dentro do parque Kruger são, em sua maioria, hotéis de três e quatro estrelas que oferecem um excelente padrão de conforto. Contudo, se você que acrescentar um nível de luxo ao seu safári, uma boa opção é escolher uma reserva particular como a Sabi Sabi, que fica a poucos quilômetros da entrada principal do Krueger. Essa reserva possui pista privada com voos diários de Johannesburgo.

Pedalando na savana

Sempre quis conhecer uma reserva e quando descobri que seria possível fazê-lo usando uma bicicleta, decidi prontamente organizar

No alto: a leoa se banqueteando com uma azarada zebra
Acima: detalhes de um quarto de hotel numa reserva

minha ida para a África do Sul. Essa foi a pedalada no exterior mais curta de todas, meros 15 km, mas aquela em que minha adrenalina ficou no limite praticamente o tempo inteiro.

Minha pedalada ocorreu no final da tarde. Depois de ter feito o safári da manhã, quando vi os leões devorando a zebra, confesso que fiquei bastante tenso, pois estaríamos pedalando em terreno aberto e aquela imagem dos leões não era a das melhores, principalmente se a zebra fosse substituída por um ciclista sulamericano.

Para a segurança do grupo, os *rangers* vão armados com rifles. E antes da partida, no acampamento, é feita uma pequena palestra em que são explicados o percurso e o comportamento que devem ter os participantes. A primeira recomendação do *ranger* é: "Aqui na savana tudo que corre é chamado de comida. Portanto, no caso de encontrarmos algum animal, nunca, mas nunca mesmo, corra. Mesmo que você seja mais rápido do que o Lance Armstrong, em cima da bicicleta você é mais lento do que qualquer coisa que se mexa por aqui".

Naquela tarde éramos eu e um casal de ingleses. Partimos num Land Rover com um reboque carregando as bikes. Fomos perto do rio Olifants. As bikes foram descarregadas e mais uma vez ouvimos a recomendação para nos mantermos próximos e não reagirmos à visão de algum animal.

Começamos a pedalada e a adrenalina já tomava conta das veias do meu corpo. Ao pensar na hipótese de encontrar algum animal perigoso, meu lado mais bem-humorado me confortava, uma vez que não precisaria correr mais do que o leão, só mais do que o casal de ingleses.

Depois de uns 5 km de pedaladas, encontramos um kudu que parecia mais assustado que nós. Os guias nos pediram que deixássemos as bikes, pois iríamos caminhar até a beira do rio Olifants, que estava a uns 300 m dali. Ao chegarmos à beira do rio, deparamo-nos com um grupo de hipopótamos que se banhavam lá no meio.

Ficamos uns 30 minutos observando, e sendo observados, pelos hipopótamos e outros animais. Os rifles eram companheiros constantes e ficavam nas mãos dos *rangers* o tempo inteiro.

De volta às bikes, retornamos ao ponto de partida. No meio do caminho, vimos a carcaça da cabeça de um crocodilo. Os guias contaram que aquele crocodilo havia lutado com um leão quando este devorava uma girafa, e, no final da luta, acabou levando a pior.

Ao regressar ao acampamento, fui dormir cedo, pois, no dia seguinte, faria mais um safári e, na volta, iniciaríamos o retorno para Johannesburgo, para que eu pudesse tomar um avião no final do dia rumo à Cidade do Cabo.

Preparativos para a pedalada mais arriscada do autor

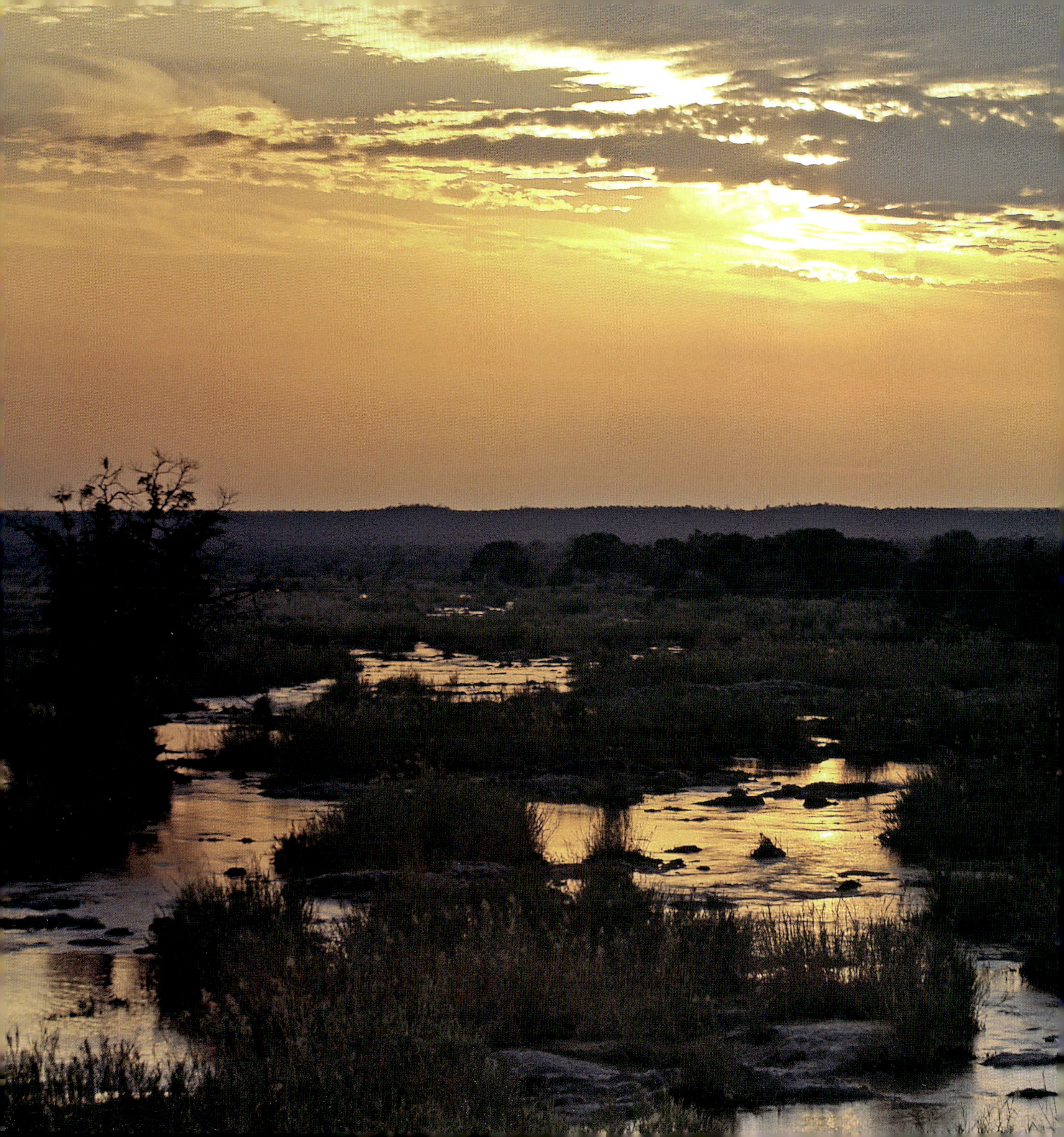

A bela Cidade do Cabo e a Table Mountain ao fundo

Cidade do Cabo

Essa linda cidade é o ponto de partida para inúmeros passeios, mas a cidade por si já vale a pena. Assim como o Rio de Janeiro, a Cidade do Cabo fica entre o mar e as montanhas. No lugar do Pão de Açúcar, há a Table Mountain, ou montanha da mesa, onde você pode tomar um bondinho para chegar ao seu topo totalmente plano e que lhe confere a aparência de uma enorme mesa.

A Cidade do Cabo tem seu nome baseado no Cabo da Boa Esperança, o ponto que divide as águas dos oceanos Atlântico e Índico, e que fica a uma hora de carro da cidade. Esse ponto merece uma visita, pois, para chegar lá, saindo do centro da cidade, você passa pelas zonas mais bonitas, como Camps Bay e Clifton Bay, com calçadões, cafés e bares.

Pequena e organizada, a Cidade do Cabo é acolhedora e oferece inúmeras opções de lazer. A área central pode ser visitada a pé ou de bicicleta. O cais virou cenário da vida noturna da cidade e também um centro de compras. O Victoria and Alfred Waterfront (www.waterfront.co.za/) oferece dezenas de restaurantes e cafés, um shopping center e diversas opções de lazer. Quem estiver na Cidade do Cabo não pode deixar de ir ao Mama África, um restaurante bem no centro da cidade, com espaço para dançar. O cardápio oferece vários tipos de comidas exóticas. Os preços são bem acessíveis e o atendimento é muito bom. O Mama África fica na no número 178 da Long Street.

    A Cidade do Cabo não é um lugar para quem quer ficar parado. Algumas atividades são imperdíveis, como um passeio de helicóptero em torno da península do Cabo, subir a Table Mountain, observar as baleias em False Bay, visitar as vinícolas da região ou ir a Robben Island, onde Nelson Mandela esteve prisioneiro por 27 anos.

    Se a aventura está no seu sangue, opções não faltam. Para começar, um passeio de *paraglider*, *kitsurf*, ou, se a adrenalina precisar ser produzida em altas quantidades, um mergulho com os tubarões brancos em Gansbaai (www.sharkbookings.com). Eu fui para lá para fazer esse mergulho, mas acho que meu anjo da guarda resolveu interceder por mim e mandou uma tempestade na noite anterior. Isso obrigou os barcos a não zarparem.

    Na Cidade do Cabo, consegui contatar uma empresa de aluguel de bicicletas e fazer uma pedalada na floresta de Tokai, a uns 15 km da cidade. Lá pude ver um bando de macacos que me acompanhou por algumas centenas de metros durante a subida da montanha.

Cidade do Cabo e o morro, à direita, chamado Lion's Head, *ou Cabeça de Leão*

Pedalar na África do Sul foi uma experiência incrível, que me marcou muito. Nunca estive tão próximo da natureza e com tantas emoções concentradas em tão poucos quilômetros. Ah, eu ainda vou voltar para lá para mergulhar com o tubarão-branco!

Final

Espero que a leitura deste livro tenha servido de motivação para você. Mande sua opinião para mim. E, se você decidir colocar o pedal na estrada, não deixe de dar notícias.

Boas pedaladas!

Onde fica: *a África do Sul fica no extremo sul do continente africano e é banhada pelos oceanos Índico e Atlântico.*

EUROPA
Mar Mediterrâneo
ÁSIA
TRÓPICO DE CÂNCER
Tunísia
Marrocos
Argélia
Líbia
Egito
Saara
Mautânia
Mali
Níger
Chade
Sudão
Mar Vermelho
Eritreia
Djibuti
Senegal
Gâmbia
Guiné
Burkina Fasso
Benin
Togo
Gana
Nigéria
Serra Leoa
Libéria
Costa do Marfim
Etiópia
Camarões
Rep. Centro-africana
Somália
Uganda
Quênia
Gabão
Congo
Zaire
Ruanda
Burundi
Tanzânia
OCEANO ÍNDICO
Angola
Zâmbia
Moçambique
Madagáscar
OCEANO ATLÂNTICO
Zimbábue
Nam
TRÓPICO DE CAPRICÓRNIO
Pretória
Maseru
Durban
África do Sul
Cidade do Cabo
George
Pt. Elizabeth

Sobre o autor

José Antonio Ramalho é um exemplo de profissional multimídia. Ao longo de sua vida, desenvolveu carreiras em áreas distintas, tendo obtido sucesso em todas nas quais atuou.

Ramalho é escritor, jornalista, fotógrafo e aventureiro. Publicou 105 livros nas áreas de tecnologia, mitologia grega, fotografia e aventura, traduzidos para diversas línguas, entre elas o inglês, o espanhol, o polonês e o chinês.

Formado em Computação, desempenhou vários cargos na área de informática. Paralelamente iniciou suas atividades como professor, o que o levou a escrever o seu primeiro livro, em 1985. A facilidade para transmitir conhecimentos é sua marca registrada. Desde 1988 escreve para os principais veículos do país. Atualmente é colunista da *Folha de S. Paulo*, *Estado de Minas* e colaborador de diversas revistas nacionais.

Em 2002, aos 41 anos, iniciou uma mudança em seu estilo de vida buscando incorporar qualidade de vida, às suas atividades. Decidiu realizar antigos sonhos e iniciou uma incrível jornada de aventuras sem deixar de lado suas atividades profissionais.

No mesmo ano, começou uma emocionante aventura pelas três Américas a bordo de um pequeno bimotor. Voou de São Paulo até o Alasca e de lá até Ushuaia, na Patagônia. Uma aventura de 42 mil km e 47 dias de viagem.

Em 2005 resolveu trocar o ar pela terra e, a bordo de uma bicicleta, iniciou uma série de travessias pelos locais mais remotos do globo.

Fez o Caminho de Santiago de Compostela, cruzou três cordilheiras de montanhas – os Andes, o Atlas, no Marrocos, e o Himalaia, na Ásia –, tendo se tornado o primeiro brasileiro a pedalar até o acampamento-base do Everest, a 5.200 m de altitude. Em 2008 pedalou 3.100 km ao longo da rota do legendário trem Expresso do Oriente.

Arquivo pessoal